ACCESO GRATIS *a la Lectura en la Nube*

Para visualizar el libro electrónico en la nube de lectura envíe junto a su nombre y apellidos una fotografía del código de barras situado en la contraportada del libro y otra del ticket de compra a la dirección:

ebooktirant@tirant.com

En un máximo de 72 horas laborables le enviaremos el código de acceso con sus instrucciones.

AF276015

Las situaciones de aprendizaje en la especialidad de Religión Católica

Por qué, cómo y ejemplos listos para aplicar con resultados de investigación sobre su implementación

Miguel Ángel Jiménez Rodríguez
José Antonio Fernández Martín
Antonio Roura Javier

Las situaciones de aprendizaje en la especialidad de Religión Católica

Por qué, cómo y ejemplos listos para aplicar con resultados de investigación sobre su implementación

tirant humanidades
Valencia, 2025

© Miguel Ángel Jiménez Rodríguez
José Antonio Fernández Martín
Antonio Roura Javier

© TIRANT HUMANIDADES
EDITA: TIRANT HUMANIDADES
C/ Artes Gráficas, 14 - 46010 - Valencia
TELFS.: 96/361 00 48 - 50
FAX: 96/369 41 51
Email: tlb@tirant.com
www.tirant.com
Librería virtual: www.tirant.es
DEPÓSITO LEGAL: V-4451-2025
ISBN: 978-84-1081-362-5

Si tiene alguna queja o sugerencia, envíenos un mail a: *atencioncliente@tirant.com*.
En caso de no ser atendida su sugerencia, por favor, lea en *www.tirant.net/index.
php/empresa/politicas-de-empresa* nuestro Procedimiento de quejas.

Responsabilidad Social Corporativa: *http://www.tirant.net/Docs/RSCTirant.pdf*

Índice

Índice

1. Presentación de la estructura y contenidos del libro

Esta obra, que contiene una guía para la elaboración de situaciones de aprendizaje, forma parte de una colección por especialidades en la Ed. Secundaria y el Bachillerato, así como algunas familias de la Formación Profesional. En ellas se ha querido ofrecer una propuesta diferente. No se ha buscado solo facilitar al profesorado "situaciones de aprendizaje tipo", como las que podemos encontrar en las páginas de la Administración, en una búsqueda en la red o, incluso, pidiendo a la IA que las elabore, sino que se busca una comprensión, lo más profunda posible, del sentido de las situaciones de aprendizaje y de la lógica y coherencia interna de su diseño.

Este libro tiene tres partes bien diferenciadas: la primera incide en la teoría que sustenta y los procedimientos que hacen posible el diseño de situaciones de aprendizaje bien alineadas. La segunda propondrá, sobre dos ejemplos concretos, sendos modelos de diseño de situaciones de aprendizaje. Y la tercera parte ofrecerá resultados de investigación sobre la aplicación de una de estas situaciones. Una vez vista la estructura, anticipamos qué podremos encontrar en cada uno de estos bloques.

La primera parte de este trabajo comienza con una breve fundamentación teórica que servirá de base para el desarrollo de las situaciones de aprendizaje. Los pilares de dicha fundamentación son el paradigma de la enseñanza centrada en el aprendizaje de Barr y Tagg, el alineamiento constructivo de Biggs y el aprendizaje visible de Hattie y Zierer— proponiendo desde ahí un modelo de diseño curricular lo más coherente posible. La intención es formativa por lo que la presentación de estos principios teóricos irá precedida por la justificación de la incidencia que los aprendizajes que se pretenden conectan con las competencias propias del profesorado establecidas en la Orden ECI/3858/2007 que regula la formación inicial del profesorado de Secundaria, Bachillerato, Formación Profesional y Enseñanza de Idiomas que está en vigor.

En segundo lugar, se construirá un mapa de ideas clave para situarse de forma organizada en el territorio conceptual —la arquitectura pedagógica— planteada por la LOMLOE. En este punto, al que dedicaremos un capítulo, se explicará el sentido de cada uno de los términos fundamentales que se emplean y la articulación de estos.

Seguidamente se darán algunas pautas para realizar el desarrollo de la programación curricular colectiva, la denominada Propuesta Pedagógica del Centro, que es responsabilidad de los departamentos.

A continuación, nos centraremos en las situaciones de aprendizaje, como concreción curricular que decanta toda esta estructura y la concreta para ser ofrecida como medio de aprendizaje para el alumnado.

El desarrollo de la segunda parte del libro será la presentación del diseño de dos situaciones de aprendizaje para diferentes cursos dentro de la especialidad de Secundaria y Bachillerato o familia profesional en el caso de la FP. En ellas, lo más relevante será poner de manifiesto el discurso mental que los autores han llevado a cabo para realizar la propuesta. No importa tanto tener modelos hechos, sino entrenar cognitivamente a los destinatarios de esta guía —que son los propios profesores del Máster de Secundaria, el alumnado, los opositores y los profesores en ejercicio para su formación continua— para que puedan comprender la lógica del discurso mental que les permita tomar buenas decisiones curriculares aplicando, lo mejor posible, las premisas de los paradigmas y planteamientos teóricos a los que se ha aludido anteriormente.

En la tercera parte, se ofrecerán resultados de investigación, evidencias, de la aplicación en el aula de una de las dos situaciones presentes en la guía donde podremos comentar puntos fuertes y débiles del diseño y las repercusiones que este planteamiento curricular tiene, en sus fases iniciales al menos, en el alumnado y su aprendizaje.

Los autores de este proyecto son en su práctica totalidad profesores del módulo específico del Máster Universitario en Formación del Profesorado de Secundaria, Formación Profesional y Enseñanza de Idiomas de la Universidad Católica de Valencia que han formado equipos por especialidades. En todos los equipos participa al menos un profesor de Secundaria, Bachillerato o Formación Profesional, según los casos, que puede ser al mismo tiempo profesor del Máster o no. Todos los equipos en su conjunto y cada uno de ellos se han coordinado y formado juntos siguiendo pautas comunes para la elaboración de esta guía, y el conjunto de guías por especialidades, que constituyen el proyecto.

2. Justificación y principios teóricos de la obra

A diferencia de otras disciplinas, donde la teoría y la investigación son los pilares esenciales de la práctica, en educación parece que no fuera así. No hay argumento más demoledor para una propuesta de acción distinta a lo común, que tacharla de ser "muy teórica".

Lo mismo sucede cuando se alude a evidencias de "investigación educativa", que no suelen ser la lectura de cabecera de los docentes, y de las cuales parece que no se tenga excesiva confianza. En este sentido Murillo y Martínez-Garrido (2020) publicaron con el título "¿Para qué sirven las revistas de investigación educativa?" una reflexión muy interesante donde revisan por dónde va la investigación educativa, para qué se hace y las conexiones, o la desconexión, que esta tiene con la práctica y los prácticos. Las conclusiones no son muy esperanzadoras: según los autores se investiga más para publicar que para mejorar la realidad educativa y los profesores desconfían de dicha investigación educativa, en el caso de que alguna vez hayan tenido contacto con ella.

Esta obra pretende romper esta dicotomía que tanto daño hace al avance de la Educación en general. Vamos a poner sobre la mesa una serie de principios teóricos, que alineen bien las ideas, y, sobre ellas, vamos a construir coherentemente situaciones de aprendizaje.

Estás situaciones se construirán paso a paso, evidenciando la lógica de pensamiento que contribuya a la elección adecuada y el diseño preciso de cada elemento curricular. Pretendemos, en este libro y en los que forman la colección por especialidades, modelar y modelizar un discurso mental que lleve a la coherencia interna según un paradigma de enseñanza centrada en el aprendizaje.

Aunque ofreceremos una plantilla de programación, la intención es liberar — empoderar, podríamos decir— a los docentes de cualquier plantilla, que las puedan emplear todas o generar otras propias, estén en la etapa profesional que estén, desde la formación inicial hasta aquellos que lleven una larga trayectoria. Y este objetivo se logrará si conseguimos apoyar una comprensión profunda del diseño curricular. El propósito de esta obra no es que se aprenda a rellenar los huecos de todos los elementos preceptivos de las situaciones de aprendizaje, con elementos más o menos ocurrentes o "de moda pedagógica" sino capacitar para decidir con fundamento y deducir qué elementos son en cada momento los mejores posibles, en función de los resultados de aprendizaje que se pretendan y del análisis de todas las variables del contexto. Este análisis lo es del alumnado, del centro y su entorno, de los medios con los que se cuenta, el tiempo del que se dispone... pero también del universo de creencias del docente que es el que determinará su práctica.

Siguiendo a Kurt Lewin, estamos convencidos de que no encontraremos nada que transforme la realidad y potencie la innovación como una buena teoría. Los cambios en educación son lentos, costosos y es difícil que se consoliden porque no suelen abordarse desde el cambio de mentalidad sino desde el cambio de las prácticas que no arrastra de forma coherente el resto de los elementos del sistema. Este atajo suele terminar haciendo un recorrido de vuelta atrás. Coexisten ideas y prácticas que, a menudo, pertenecen a paradigmas diferentes, e incluso contradictorios, lo que genera al final incoherencias que ninguna otra disciplina científica o profesional daría por válidas. Pongamos por ejemplo la introducción de metodologías activas que se han venido dando en los últimos años sin que esto haya tenido consecuencias notables en los modelos de evaluación. O afirmar que se están desarrollando competencias cuando lo único que se desarrolla y se evalúa de forma sistemática son los contenidos... En el fondo, a los cambios e innovaciones en educación suele faltarles la reflexión del porqué se hacen las cosas y cómo lo que se introduce modifica al resto, incluida la estructura y los espacios, si es preciso. La innovación en muchas ocasiones se superpone al trabajo que ya se realizaba y que, sobre todo, las creencias más implícitas y comúnmente aceptadas, impiden modificar porque dan "respuestas seguras"— o más bien consolidadas de lo que deben ser las cosas— lo que convierte a la propia innovación en sobrecarga. A veces, la dificultad es externa. En Bachillerato fundamentalmente se pone de manifiesto la contradicción entre un currículo competencial prescriptivo y unas pruebas de acceso a la universidad "que no son tan competenciales", aunque la última reforma camina en esta dirección, y que terminan convirtiendo a esta etapa en propedéutica para la prueba, que se resiste a ser modificada de forma coherente con los postulados de las propias leyes orgánicas de Educación e incluso con el EEES que debiera regir los estudios universitarios.

Otra dificultad para los cambios sistémicos es la falta de rigor al evidenciar los resultados de dichos cambios. Se promulgan leyes que pretenden modificar la realidad sin investigar sobre el resultado de las modificaciones previas.

También es un escollo, que no encontramos en otras áreas del conocimiento, la falta de consenso fundamentado lo que genera una gran diversidad de sistemas de trabajo, incluso en un mismo centro — *cada maestrillo tiene su librillo*— que manifiesta que no existe una base científico-pedagógica común —o no común— y, si se tiene, no suele ser comparable a la seguridad que ofrece la formación científico-disciplinar que el profesorado ha adquirido de su materia en su carrera, lo que les lleva a encontrar refugio en ella y a considerar "extraños", "subjetivos" y "poco académicos" los aprendizajes que no sean aprendizajes conceptuales de los que la LOMLOE esta cuajada, y que están en el currículo prescriptivo desde la LOE de 2006, que, no olvidemos, la LOMLOE modifica. Por eso, aunque estos aprendizajes más competenciales estén en el currículo prescriptivo y son el referente de los criterios de evaluación oficiales, ni se enseñan ni se evalúan sistemáticamente. Si a esto le añadimos la dificultad de que en los centros exista un liderazgo pedagógico claro que procure la formación necesaria unida a la implementación efectiva y sostenida de líneas pedagógicas estratégicas, encontramos que la implantación de los cambios profundos en educación no terminen de despegar.

La práctica es esencial, porque nadie sabe lo que no hace. Pero la práctica es también buena reproductora de sí misma. La cantidad de práctica educativa mejora los procesos, los automatiza y consolida, pero no los puede transformar, porque para actuar en dicha práctica de forma distinta ha de haber antes una idea diferente de lo que es la Educación. Un cambio paradigmático. La innovación está en el mundo de las ideas, de la teoría. Por eso, si se propone un cambio en las prácticas educativas y no ha existido antes la formación teórica suficiente, la del mundo de las ideas, esa que a veces se denota en nuestro campo, en parte porque no produce frutos inmediatos y a los profesores nos gusta la eficacia, en parte porque la formación del profesorado no termina de capacitar para conectar con la teoría pedagógica que sustenta la innovación, no hay posibilidad de avance colectivo. La práctica, por sí misma, no es la solución. Nuestro sistema necesita de una sólida teoría que sea capaz de cambiar nuestras creencias, que siempre están presentes y que hemos de vigilar para no volver al camino transitado. Unas nuevas creencias que puedan responder a todas las preguntas clave: por qué, para qué, cómo, cuándo, ... generar y acompañar el aprendizaje y evaluarlo.

Sin la teoría no hay posibilidad de cambiar una profesión basada en la práctica y la experiencia, tan rica como limitada, de cada profesional que tiene, a su vez, como referente esa misma propia experiencia vivida, muchas veces como alumno, o como profesor que ha ido construyendo, con *sangre sudor y lágrimas*, su concepción de lo que es ser *un buen profesor*. Este imaginario es el que preside los miles de decisiones que los docentes tomamos cada día. Marcelo (2009).

Lejos de pretender ofrecer "modelos listos para ser consumidos", esta obra presenta, en un formato corto por especialidades, solo un par de situaciones de aprendizaje que pretenden ser, ante todo, un par de *guías de pensamiento para la creación*. Esta es nuestra pequeña aportación diferencial, como decíamos más arriba, a lo que puede hacer ya la IA, una búsqueda de situaciones de aprendizaje ya elaboradas en Internet o las que brindan las editoriales. No se trata, por tanto, de tener las "programaciones hechas" sino de capacitarnos para una creación única, original, adaptada y sobre todo coherente, bien fundamentada y propia. Igual que es difícil estudiar con apuntes ajenos, es difícil implementar diseños curriculares ajenos. Porque cuando se diseña se anticipa, se imagina, se integra y prevé la realidad con su contexto, con lo que puede servir o no en mi aula, con mis alumnos y con lo que yo como docente me siento seguro de llevar a cabo. Por supuesto esto no quiere decir que no empleemos todas las herramientas y modelos que podamos tener a nuestra disposición —incluida la IA— pero no es lo mismo tener las programaciones hechas para ser entregadas como instrumento burocrático que tener un plan personal de acción, para mí y mis alumnos, con mis compañeros concretos, en mi centro y con las familias o tutores, de mi alumnado.

El objetivo es guiar el proceso de pensamiento y sistematizar cómo los alumnos deben aprender en un formato coherente con un paradigma teórico competencial. Este nos remite irremediablemente a la combinación dinámica de conceptos, procedimientos y actitudes, que se ponen en acción para resolver problemas de forma adecuada, experta, en un contexto, en una situación determinada. De ahí que las "situaciones de aprendizaje" sean una forma conceptualmente idónea de organizar el aprendizaje en este paradigma competencial en el que queremos estar.

Sin perder tiempo en asentar la teoría, sin invertir en formación, el cambio legislativo se domestica y pasa a ser nominativo. La cuestión no puede ser "antes a esto le llamaban x y ahora dicen que hay que llamarle y no hacen más que cambiar el nombre a las cosas". Llevamos décadas con el *gatopardismo* perfecto. Cambiamos todo para que nada cambie.

Por supuesto, la responsabilidad no es del profesorado que se defiende de los agotadores cambios ideológico-legislativos y la burocracia asfixiante que solo exige sin dar nada a cambio. Pero, al mismo tiempo, este modo de proceder hace inviables las propuestas porque no se prevé ni se invierte en el cómo. Sírvanos de ejemplo el elemento nuclear de la educación por competencias que ya hemos comentado. Está presente en todas las etapas educativas hace más de 25 años y sigue sin ser una realidad. Las causas son múltiples, están descritas en numerosas investigaciones, como por ejemplo el trabajo de Contreras, González Martí y Gil (2019) que publicaban un artículo con el título "La dificultad de la implementación de una enseñanza por competencias en España" y que no podemos comentar por motivos de espacio.

Sin embargo, el propósito de este libro sí entronca con esta línea de contribución a la educación desde la teoría a la práctica. Y se concreta en contribuir a:

A. La mejora de la formación inicial del profesorado de Secundaria, Bachillerato, Formación Profesional y Enseñanza de Idiomas.

B. El cambio en la concepción del diseño curricular en general —y de las situaciones de aprendizaje de forma particular— de forma sistémica y desde el paradigma de la enseñanza centrada en el aprendizaje.

C. Mostrar cómo aplicar de forma consistente los principios teóricos del alineamiento constructivo de Biggs.

D. Aportando evidencias de investigación según la propuesta del "aprendizaje visible" de Hattie y Zierer.

A continuación, desarrollaremos cada uno de estos puntos que veremos aplicados en el resto de la obra.

A. La mejora de la formación inicial del profesorado de Secundaria, Bachillerato, Formación Profesional y Enseñanza de Idiomas

La formación inicial del profesorado no parece estar siendo la adecuada para desarrollar un currículo competencial o si se quiere, hace falta una formación inicial alternativa si se pretende que esto sea posible. Existen numerosos artículos que analizan este tema como por ejemplo el de Urkidi, Losada, López y Yuste (2020) que lleva por título "El acceso a la formación inicial del profesorado y la mejora de la calidad docente" que analiza el problema de la formación inicial desde el mismo momento de la selección de los candidatos a docentes. Países de referencia en Europa, como sigue siendo Finlandia, por ejemplo, tienen claro que la inversión en educación es vital para la sociedad en su conjunto y, para que esto sea efectivo y eficiente — porque en España que la educación sea importante como idea nadie puede discutirlo — es necesario formar lo mejor posible a los mejores. De este modo consiguen lo que para el sistema finlandés es el mayor logro más allá de los resultados de PISA: que el colegio que tengas más cerca sea el mejor colegio y que todos se parezcan mucho entre sí en calidad y medios. Eso sí, dotándoles de autonomía en la gestión de centro y de aula. Finlandia carece de inspección educativa; la tuvo, investigó sobre la eficiencia en resultados de esta y, a la vista de las evidencias de dicha investigación, la removió para invertir esos recursos en la mejora de la calidad de cada profesor en cada aula. Es verdad que cada contexto necesita sus propias medidas. Pero algunos principios, como son formar a los mejores — y no a un múltiplo elevado de candidatos indiscriminado en relación con las plazas disponibles en el sistema educativo — o basar las decisiones educativas en evidencias de investigación y no en otras como el equilibrio de intereses de los colectivos implicados o en cuestiones ideológicas— parece lógico, y les va bien.

Que para llevar a cabo las propuestas competenciales de la LOMLOE es necesario incidir en la formación inicial y continua del profesorado, así como una reforma de la profesión docente, lo dice la propia ley. La disposición adicional séptima fijó en 2020 el plazo de un año *para realizar una propuesta normativa que regule, entre otros aspectos, la formación inicial y permanente, el acceso y el desarrollo profesional docente".* En este momento, curso 2024-25, seguimos esperándola. Pero, al igual que la norma puede ayudar, pero no transformar la realidad educativa, tampoco el cambio en la normativa de formación solucionará el problema.

Nos gustaría añadir, al menos, una perspectiva muy interesante y es la que se plantea en la obra de Cordero y Carnicero (2021) que forman parte del observatorio sobre Educación de la Universidad de Barcelona, y cuyo título es revelador: *¿Quién forma a los futuros docentes?* No es posible cambiar el sistema solo modificando el qué; es preciso entrar en el factor humano reflexionando sobre el quién.

Un análisis del perfil del profesorado de las facultades de educación explica, en parte, que sean los contenidos y no las competencias las que en realidad dominen el panorama formativo.

De hecho, la Orden ECI/3858/2007 que regula la formación del profesorado, sirviendo de base común para todos los planes de estudios de máster que las universidades propusieron en su día y que llevan más de quince años impartiendo, establece un perfil de salida de mínimos comunes, definido por medio de una serie de competencias, que no están nada mal. Uno de los problemas más graves que tiene la universidad española para la verdadera entrada en el Espacio Europeo de Educación Superior es que define perfiles de egreso que no evalúa ni verifica en sus egresados y, por lo tanto, ignora si los consigue.

Al igual que en cualquier otro título universitario, cuando un alumno egresa del Máster de Secundaria, la universidad que otorga la titulación debería garantizar que dicho egresado ha adquirido, efectivamente, las competencias que definen este perfil de egreso. Justo como veremos que plantea la LOMLOE en su "nuevo" perfil de salida. Seguramente, si esto operase en la formación inicial resultaría mucho más sencillo que el profesorado imaginara, por experiencia propia, cómo los alumnos de las enseñanzas de Secundaria y Bachillerato —no tanto los de FP pues la estructura curricular es mucho más clara desde el punto de vista competencial— cursan las asignaturas como medio para alcanzar ese perfil de salida. Las asignaturas no podrían ser concebidas como fines en sí mismas, sino como medios para alcanzar las competencias descritas en el perfil, lo que sí ocurre hoy. Las competencias del perfil de egreso del Máster, todavía en vigor, a menudo son desconocidas incluso por los protagonistas, profesorado y alumnado. Nos parece relevante recordarlas. Son, digamos, todavía adecuadas. Actualizarlas estará bien, pero, si el cambio no va más allá, volveremos al 2007 como en "El día de la marmota".

Como evidencia de que el cambio en los curricula no es suficiente, vamos a trasladarlas aquí para recordar cuáles son, subrayaremos algunas ideas esenciales en ellas y luego comentaremos cómo el diseño de situaciones de aprendizaje, objeto de esta obra, incide de forma directa y, por lo tanto, podemos decir que contribuiremos a mejorar dicha formación inicial. Las competencias/resultados de aprendizaje del Máster son:

1. *Conocer los <u>contenidos curriculares</u> de las materias relativas a la especialización docente correspondiente, así como el <u>cuerpo de conocimientos didácticos</u> en torno a los procesos de enseñanza y aprendizaje respectivos. Para la formación profesional se incluirá el conocimiento de las respectivas profesiones.*

2. *<u>Planificar, desarrollar y evaluar el proceso de enseñanza y aprendizaje</u> potenciando procesos educativos que faciliten la <u>adquisición de las competencias</u> propias de las respectivas enseñanzas, atendiendo al nivel y formación previa de los estudiantes, así como la orientación de los mismos, <u>tanto individualmente como en colaboración con otros docentes y profesionales</u> del centro.*

3. *Buscar, obtener, procesar y comunicar información (oral, impresa, audiovisual, digital o multimedia), <u>transformarla en conocimiento y aplicarla en los procesos de enseñanza y aprendizaje</u> en las materias propias de la especialización cursada.*

4. *<u>Concretar el currículo que se vaya a implantar en un centro docente participando en la planificación colectiva del mismo;</u> desarrollar y aplicar <u>metodologías</u> didácticas tanto grupales como personalizadas, <u>adaptadas a la diversidad</u> de los estudiantes.*

5. *<u>Diseñar y desarrollar espacios de aprendizaje</u> con especial atención a la equidad, la <u>educación emocional y en valores, la igualdad de derechos y oportunidades entre hombres y mujeres, la formación ciudadana y el respeto de los derechos humanos que faciliten la vida en sociedad, la toma de decisiones y la construcción de un futuro sostenible.</u>*

6. *Adquirir estrategias para <u>estimular el esfuerzo del estudiante y promover su capacidad para aprender por sí mismo y con otros</u>, y desarrollar habilidades de <u>pensamiento y de decisión que faciliten la autonomía, la confianza e iniciativa personales</u>.*

7. *Conocer los procesos de <u>interacción y comunicación en el aula</u>, dominar destrezas y habilidades sociales necesarias para fomentar el aprendizaje y la convivencia en el aula, y <u>abordar problemas de disciplina y resolución de conflictos</u>.*

8. *Diseñar y realizar <u>actividades formales y no formales</u> que contribuyan a hacer del centro un lugar de <u>participación y cultura en el entorno donde esté ubicado</u>; desarrollar las funciones de <u>tutoría y de orientación de los estudiantes de manera colaborativa y coordinada</u>; participar en la <u>evaluación, investigación y la innovación de los procesos de enseñanza y aprendizaje</u>.*

9. *Conocer <u>la normativa y organización institucional del sistema educativo y modelos de mejora de la calidad</u> con aplicación a los centros de enseñanza.*

10. *Conocer <u>y analizar las características históricas de la profesión docente</u>, su situación actual, perspectivas e interrelación con la realidad social de cada época.*

11. *<u>Informar y asesorar a las familias acerca del proceso de enseñanza y aprendizaje</u> y sobre la orientación personal, académica y profesional de sus hijos.*

Si, como se pretende para el futuro inmediato del sistema educativo consolidando así el espacio europeo de educación, deberán evaluar y certificar el nivel alcanzado por cada alumno en cada una de estas competencias una de las variables más controlables, que es la formación inicial, ayudaría en la transformación que necesita el sistema. Si esto se diera también en el Máster, ¿qué director no desearía contar en su claustro con profesores con estas "viejas" competencias realmente adquiridas y acreditadas?

De todas ellas, la obra que ahora presentamos incide al menos en las seis primeras, ya que el diseño curricular, plasmado en situaciones de aprendizaje, es un acto de creación en el que confluyen el conocimiento profundo del contenido del currículo — saberes básicos y otros— así como las didácticas específicas de cada especialidad (C1). Por otra parte, trataremos tanto el diseño colectivo del currículo — el difícil paso de la adaptación del currículo oficial al del centro a través de los departamentos y equipos docentes — como la articulación de la programación a través de dichas situaciones de aprendizaje (C2). La adopción del paradigma competencial, centrado en el aprendizaje, exigirá la transformación de la información en conocimiento al poner el acento en los aprendizajes y no en el contenido (C3). Decidiremos, además, qué metodología es la más oportuna en cada caso y lo justificaremos para el desarrollo de todos y cada uno de los alumnos. En esto los principios del diseño universal del aprendizaje (DUA) serán de gran ayuda (C4). La competencia número 5, podemos considerar que anticipa en 2007 las propuestas de la UE con la revisión de las competencias clave de 2018 y los ODS de Naciones Unidas, recogidos como norma en la LOMLOE. Por lo tanto, estarán presentes también en las situaciones de aprendizaje. Por otra parte, esta misma competencia señala como primer elemento el *diseño de espacios de aprendizaje* que están implícitos en la construcción de las situaciones, si es que estas, como debe ser, se preocupan de la generación de experiencias de aprendizaje bien contextualizadas. La propuesta de formación y generación del pensamiento está dentro de la macro-competencia de aprender a aprender Gargallo y López (2021). Y, como no se puede enseñar a pensar sin actividad de pensamiento o sin objeto sobre el cual pensar, tal como se presenta en Jiménez, Angelini y Tasso (2020), la elección de la metodología — en las actividades formativas que el alumnado ha de realizar para aprender— potencian o limitan el desarrollo del pensamiento en sus diversas vertientes. La elección de las metodologías por lo tanto debe realizarse desde esta perspectiva. Que una asignatura, cualquiera, potencie o limite el pensamiento crítico, por ejemplo, de un alumno depende de cómo se trabaje en ella y no de la asignatura en sí misma.

B. Al cambio en la concepción del diseño curricular en general —y de las situaciones de aprendizaje de forma particular— de forma sistémica y desde el paradigma de la enseñanza centrada en el aprendizaje

El cambio del paradigma, que está por llegar a la práctica de nuestro sistema educativo, ya se formuló en los noventa del siglo pasado. Dos figuras de referencia son Robert Barr y Jhon Tagg que publicaron en 1995 el artículo titulado "From Teaching to Learning" donde realizaban, entre otras consideraciones, un análisis comparativo de los elementos que caracterizan a la educación centrada en la enseñanza y aquella que se centra en el aprendizaje. De las diversas categorías de análisis que estos autores presentan en dicho artículo vamos a seleccionar, traducir y adaptar a nuestro contexto las que mejor nos ayuden a fundamentar las decisiones que plasmaremos en las situaciones de aprendizaje tal como las concebimos en esta obra. Es también la respuesta a por qué la definición de los aprendizajes pretendidos, que en nuestro ordenamiento se encuentran formulados en los criterios de evaluación, son nuestro punto de partida a la hora de diseñar el curriculum de aula y la razón por la que las situaciones de aprendizaje no son arbitrarias sino necesarias y coherentes con este paradigma.

Paradigma centrado en la enseñanza	Paradigma centrado en el aprendizaje
La finalidad de la educación	
Instruir	Generar aprendizaje
Enseñar es transferir conocimientos del profesorado al alumnado. Por eso la clase magistral es la metodología dominante.	Fomentar por medio de la actividad del estudiante el descubrimiento y la construcción del conocimiento. Se imponen las metodologías activas.
Impartir cursos y transmitir temarios	Crear entornos que potencien el aprendizaje
La meta es mejorar la calidad de la enseñanza	La meta es mejorar la calidad del aprendizaje
Se pretende la inclusión del alumnado diverso	Se procura el éxito de todos los estudiantes por diversos que sean

Planificación y estructura de la enseñanza y del aprendizaje	
Visión atomizada: las partes primero y el todo se integrará después (si se puede)	Visión holística: el todo antecede a las partes para que estas cobren sentido.
El tiempo disponible es invariable y el aprendizaje debe ajustarse a él	El aprendizaje es lo esencial y el tiempo es variable y está en función de dicho aprendizaje
Sesiones de clase de la misma duración con temas de similares dimensiones	Creación de entornos de aprendizaje donde se viven experiencias que pueden diferir mucho en el tiempo que precisan
Todas las clases se inician y terminan al mismo tiempo	Unido al rasgo anterior, los entornos de aprendizaje se agotan cuando el estudiante aprende
Un profesor con un grupo en un aula	Es valiosa cualquier experiencia que sirva para aprender lo que abre los espacios y los agentes de aprendizaje posibles
La asignatura manda y los departamentos son independientes	La realidad no está dividida por asignaturas por lo que la colaboración entre estas y los departamentos es habitual y necesaria
El listado de contenidos (el temario) manda	El referente esencial son los resultados específicamente definidos del aprendizaje
El peso de la evaluación final es lo importante y se produce una vez finalizada la instrucción.	Se emplean y complementan la evaluación inicial, la evaluación formativa y la final o sumativa.
La calificación, lo que se va a valorar y en qué medida, depende del profesor que imparte la asignatura y es él quien evalúa.	La evaluación del aprendizaje, al estar definido previamente, puede ser externa.
La evaluación no es transparente desde el principio. Es un asunto privado.	La evaluación es pública y transparente. El alumno sabe de qué aprendizajes se le va a evaluar, mediante que pruebas y cuáles son los criterios que se emplearán en la calificación de los aprendizajes
Superar una asignatura (u otra unidad curricular) supone "acumular méritos" por las tareas realizadas o las notas conseguidas, en muchas ocasiones habiendo perdido la referencia de los verdaderos resultados de aprendizaje pretendidos	Superar una asignatura (u otra unidad curricular) supone la verificación de los aprendizajes adquiridos comparándolos con los previamente definidos (resultados de aprendizaje pretendidos) para ello se emplearán pruebas capaces de evidenciarlos sin perder nunca la referencia de dichos aprendizajes.

Los roles de los protagonistas del binomio enseñanza/aprendizaje	
Como lo que importa es el contenido a transmitir el profesor es un "conferenciante" que cuenta/explica el temario. Al centro educativo se va a saber qué hay que aprender y luego se estudia.	El profesorado tiene como misión esencial la de diseñar entornos, ámbitos, experiencias que propicien el aprendizaje. Al centro educativo se va a aprender.
Los profesores y los estudiantes no interactúan. Cada uno tiene su papel y pueden funcionar de forma aislada.	Los profesores, los estudiantes e incluso otros agentes educativos trabajan en equipo y tienen a los resultados del aprendizaje del alumno como meta.
Los profesores clasifican y seleccionan a los estudiantes.	Los profesores trabajan en equipo y desarrollan las competencias y el talento (-s) de cada estudiante lo máximo posible.
Lo importante de un profesor es que sepa de su materia. Cualquiera puede enseñar si su formación de base es la adecuada al contenido.	Partiendo de la base de que nadie puede enseñar lo que no sabe, lo importante de un docente es que sepa retar al intelecto del alumnado generando situaciones complejas y motivadoras.

En las situaciones de aprendizaje que proponemos estarán presentes estos principios de forma que cada elemento curricular pueda verse reflejado en alguno de los rasgos de la columna de la derecha que describen el paradigma de la enseñanza centrada en el aprendizaje.

En el paradigma centrado en el aprendizaje, según Barr y Tagg, se parte de la identificación de los conocimientos y habilidades -hoy diríamos resultados de aprendizaje- que el alumnado debe adquirir. Los encontraremos como punto de partida en el currículo oficial. A partir de ahí, la clave estará en determinar cuál será la evaluación, válida y adecuada a la descripción de aprendizajes pretendidos realizada a través de los criterios de evaluación poniendo especial interés en los verbos utilizados que van a determinar las acciones y el nivel de las mismas — recordemos las taxonomías — con sus criterios e instrumentos de calificación. El resto de los elementos curriculares: saberes básicos y otros saberes, metodologías, agrupamientos, materiales, tiempos, ... se deducirán prácticamente de estas premisas. Del bagaje pedagógico del diseñador dependerá el abanico de posibilidades válidas que se pueden poner en juego con garantías de éxito. El marco, el hilo conductor y la finalidad operativa de todas estas propuestas, que son sistémicas y por lo tanto interdependientes, será la situación de aprendizaje.

C. Mostrar cómo aplicar de forma consistente los principios teóricos del alineamiento constructivo de Biggs

En línea con lo expuesto en el apartado anterior donde se aboga por un planteamiento holístico que tiene como punto de partida y llegada el aprendizaje, las aportaciones del profesor John Biggs (2005) profundizan en cómo llevar a cabo las propuestas de la enseñanza centrada en el aprendizaje que proponen Barr y Tagg. Y desarrolla una teoría ampliamente aceptada denominada *alineamiento constructivo*. De la que únicamente presentaremos algunos rasgos. Biggs determina que para el aprendizaje existen cinco componentes críticos que son:

1) Los contenidos que de la enseñanza

2) Los métodos de enseñanza que se utilizan

3) Los procedimientos de evaluación que se emplean, así como los métodos que se usan para comunicar los resultados

4) El clima que se crea en las interacciones con los estudiantes

5) El clima institucional, las reglas y procedimientos que se han de seguir y cumplir

El control que el profesor tiene sobre estos elementos clave es diverso. Quizá el último, relativo al clima institucional sea sobre el que menos control puede ejercer (Gargallo, 2017). Por eso, el establecimiento de un currículo de centro basado en decisiones pedagógicas y organizativas bien justificadas y coherentes con lo que se pretende es esencial. La propia normativa lo establece como elemento previo al inicio del trabajo de programación. Un elemento del que no habíamos hablado hasta ahora es el que aparece en cuarto lugar: *el clima que se crea en las interacciones de los estudiantes.*

Todos los docentes somos conscientes de la importancia que para el aprendizaje tiene este clima y la relación interpersonal. En el fondo la educación es una suerte de interacción de persona a persona por el medio que sea. El empleo de metodologías activas, donde el alumno realiza el trabajo de aprendizaje y construye el conocimiento, genera muchas más ocasiones de interacción. De ahí que la aportación desde el constructivismo que realiza Biggs, con la apuesta por la actividad del estudiante sea muy adecuada.

La solución de un problema, la elaboración de un producto en unas determinadas circunstancias, que el profesor previamente ha organizado para que sea vivida como experiencia —propia de las situaciones de aprendizaje— va a proporcionar las ocasiones oportunas. Estas son mucho más difíciles en una enseñanza donde el profesor es un emisor casi único y que tiene por receptor a un colectivo, el grupo clase, que es diverso, con un solo emisor y un mensaje unívoco, sin poder definir ajuste alguno para adecuarse a esta diversidad. Una pregunta frecuente que se hacen los profesores conscientes de este problema cuando explican es: *"¿para quién explico hoy?"* Sin denostar en absoluto la clase magistral, que es en muchos casos necesaria, debemos apostar por el protagonismo de la construcción del aprendizaje. En la clase magistral también esta construcción es posible, pero depende de la atención, la posibilidad de conexión del conocimiento previo del alumno con los que el profesor transmite y del trabajo invisible de un alumno que quizá, dado que se le suele pedir en la evaluación pura reproducción, decida estudiar más tarde, eso que "el profesor está contando" a lo que seguramente tendrá acceso en distintos formatos.

En el alineamiento constructivo de Biggs la clave está en el establecimiento del currículo en objetivos claros, que desde la perspectiva centrada en el aprendizaje se tornan en la definición precisa de resultados de aprendizaje descritos en los criterios de evaluación. Estos señalan, gracias a los verbos empleados, el nivel de comprensión o ejecución requerido. No es un temario que haya que conocer y reproducir. La formulación de criterios de evaluación que se plantea en la LOMLOE con el modelo de verbo de acción + sobre qué actúa el verbo + en qué circunstancia/con qué finalidad, —que es también la forma en que encontramos los criterios de evaluación del currículo oficial en Secundaria y Bachillerato y en formación profesional gracias a la estructura de criterios y resultados— nos permite a un tiempo complejidad y concreción siendo esa formulación, concreta y precisa, la que ha de regir el resto de los elementos en función de la probabilidad de éxito que estimemos para llegar a los aprendizajes establecidos, tal y como se fijaron.

Para poder auxiliarnos en la determinación de la profundidad de los aprendizajes y su progresión, que debe quedar patente en la formulación de los criterios, están las taxonomías. En muchas ocasiones el criterio de evaluación del currículo es finalista —está establecido para el momento último de la asignatura dure esta un curso o más— y no es frecuente que su adquisición se alcance de una sola vez, ni sin proponer un itinerario adecuado. Más arriba se hablaba del profesor como "tomador de decisiones", decidir la ruta de aprendizaje mediante la definición específica y progresiva de los mismos es una competencia profesional esencial. La más empleada de estas taxonomías es la de Bloom, que data de la década de los 50 del siglo pasado, y que ha tenido algunas actualizaciones. También Biggs ha propuesto su propia taxonomía denominada SOLO por sus siglas en inglés (Structure of the Observed Learning Outcomes).

Una situación de aprendizaje, al igual que una unidad de programación de cualquier nivel de concreción, nunca debe "relacionarse" con un criterio de evaluación. La "definición" clara de los aprendizajes pretendidos, que corresponde a dichos criterios de evaluación, es la base del alineamiento según Biggs. Si este referente se desdibuja con un vínculo débil —como el que se establece con la muy extendida expresión "está relacionado con"— perdemos la posibilidad de alinear el resto de los elementos y ponerlos al servicio del aprendizaje. Cuando esto sucede, que desafortunadamente es muy frecuente y hay que estar muy vigilantes para que no ocurra, la evaluación se desdibuja y se vuelve arbitraria. Se otorga valor a la prueba o al trabajo realizado o se cambian puntos por comportamientos, y no se puede contrastar el aprendizaje pretendido con el realmente adquirido (porque ya no se sabe exactamente qué se pretendía verificar). En el lugar del aprendizaje vuelve por sus fueros el contenido, claro, "objetivo", fácil de evaluar. Y, sin querer, nos deslizamos de paradigma y aparece el protagonismo del profesor, el temario como fin y la evaluación de lo transmitido como modelo, que tiene un buen acomodo en el tradicional examen, donde la verificación de los resultados de aprendizaje que, recordemos, vienen determinados por un verbo de acción, sobre qué actúa ese verbo —los contenidos o saberes— y en qué circunstancia, son muy difíciles de valorar, cuando no imposibles. De hecho, el análisis del qué y cómo evalúa un centro educativo es un indicador clarísimo de cuál es en realidad la impronta educativa y pedagógica del mismo. Seguro que hay mucho más, pero se desarrolla en el currículo oculto.

D. Aportando evidencias de investigación según la propuesta del "aprendizaje visible" de Hattie y Zierer

Por último, otro de los pilares del proyecto es la propuesta del denominado "aprendizaje visible" de Hattie y Zierer (2017). Para llegar a sus conclusiones, los autores realizaron más de 900 metaanálisis sobre más de 50.000 artículos de investigación, 150.000 tamaños de efectos y 240 millones de alumnos. Entre otras, es inspiradora la siguiente conclusión: "Es importante lo que hacen los profesores, pero lo más importante es tener el marco conceptual adecuado en relación con el impacto que tiene aquello que ellos hacen" (p.31).

Saber cuáles son los resultados reales de la acción educativa en términos de aprendizaje es el motor de cambio que se ha demostrado más eficaz. Los mismos autores abogan por la toma de decisiones basadas en evidencias e inciden en que en Educación no siempre son las evidencias, fundamentadas en investigación, la base de dichas decisiones. El proyecto quiere ser una pequeña aportación en esta línea. Por eso, una de las dos situaciones de aprendizaje que se presentan en esta guía ha sido aplicada y se han recogido evidencias de los resultados de dicha implementación y se presentan sistematizados en la última parte. El método empleado es cualitativo y no pretende generalización sino más bien comprender el fenómeno de la implementación, en muchos casos por vez primera, de una situación de aprendizaje en un determinado grupo-clase. El análisis se asociará a los perfiles de los alumnos y por lo tanto se establecerá un estudio de casos múltiple que permitirá, junto con la percepción del profesor-investigador participante, triangular las percepciones y ganar en la fiabilidad de los resultados.

REFERENCIAS BIBLIOGRÁFICAS

Barr, RB y Tagg, J. (1995). *De la enseñanza al aprendizaje: un nuevo paradigma para la educación de pregrado.* Change: The magazine of higher learning, 27 (6), 12-26.

Biggs, J. (2005). *Calidad del aprendizaje universitario.* Madrid: Narcea.

Contreras, O. R., González—Martí, I., y Gil, P. (2019). *La dificultad de la implementación de una enseñanza por competencias en España.* Archivos Analíticos de Políticas Educativas, 27(121)

Cordero, G. y Carnicero, P. (2021) *¿Quién forma a los futuros docentes? Un estudio conjunto en cuatro países.* Barcelona. Octaedro

Gargallo y Pérez-Pérez (2021) (Coord.) *Aprender a aprender competencia clave en la sociedad del conocimiento. Su aprendizaje y enseñanza en la universidad.* Valencia: Tirant.

Gargallo, B. (2017) *Enseñanza centrada en el aprendizaje y diseño por competencias en universidad. Fundamentación, procedimientos y evidencias de aplicación e investigación.* Valencia. Tirant Humanidades

Hattie, J., y Zierer, K. (2017). *Mindframes for visible learning: Teaching for success*. London. Routledge.

Jiménez-Rodríguez, M.A., Angelini, M.L. y Tasso, Ch. (Edit.) (2020) *Orientaciones metodológicas para el desarrollo del pensamiento crítico*. Barcelona: Octaedro

Ley Orgánica 3/2020, de 29 de diciembre, por la que se modifica la Ley Orgánica 2/2006, de 3 de mayo, de Educación.

Marcelo García, C. (2009). *Pensamientos pedagógicos y toma de decisiones de los profesores en la planificación de la enseñanza*. Enseñanza & Teaching: Revista Interuniversitaria de Didáctica. Recuperado a partir de https://revistas.usal.es/tres/index.php/0212—5374/article/view/3289.

Murillo, F. J. y Martínez-Garrido, C. (2020). *¿Para qué sirven las revistas de investigación educativa?* Aula Magna 2.0. [Blog]. Recuperado de: https://cuedespyd.hypotheses.org/8298.

Orden ECI/3858/2007, de 27 de diciembre, por la que se establecen los requisitos para la verificación de los títulos universitarios oficiales que habiliten para el ejercicio de las profesiones de Profesor de Educación Secundaria Obligatoria y Bachillerato, Formación Profesional y Enseñanzas de Idiomas

Urkidi, P., Losada, D., López, V., y Yuste, R. (2020). *El acceso a la formación inicial del profesorado y la mejora de la calidad docente*. Revista Complutense De Educación, 31(3), 353-364. https://doi.org/10.5209/rced.63476

3. Arquitectura curricular de la LOMLOE. Del currículo oficial al de aula

El currículo oficial es una parte esencial del sistema educativo de un país. Evidentemente no es la única y necesita de otros factores que lo hagan posible. Mmantsetsa Marope, exdirectora de la Oficina Internacional de Educación de la Unesco, puso de manifiesto su importancia señalando algunos elementos clave que merece la pena reproducir:

El currículo preside la enseñanza, el aprendizaje y la evaluación. Determina:

- El entorno físico de enseñanza y aprendizaje (infraestructuras, libros y materiales de aprendizaje, consumibles, mobiliario, equipos, etc.)

- El personal educativo, especialmente el profesorado.

- El currículo de los estudiantes determina los currículos para la formación inicial del profesorado y para el desarrollo profesional continuo.

- La coherencia en los elementos clave de los sistemas es fundamental para la eficacia del sistema y la eficiencia de los recursos. (Marope, 2017, p. 31.)

Si en el primer capítulo señalábamos el problema de disociación entre la investigación y la práctica educativa, en esta ocasión no tenemos más remedio que señalar la falta de conexión entre el currículo oficial y el currículo efectivamente desarrollado en las aulas. Desde la LOE de 2006 llevamos procurando, teóricamente, llevar a cabo un currículo por competencias. En este momento seguimos pretendiéndolo y estamos lejos de que sea una realidad. Para explicar esta falta de coherencia entre ambos currículos podemos volver sobre el texto de Marope.

En primer lugar, y centrándonos en la etapa de secundaria, bachillerato y formación profesional, no es el currículo oficial—que pretende competencias— el que preside el binomio de enseñanza-aprendizaje y que sigue estando centrado en contenidos. Una de las claves fundamentales para el cambio la da la propia Marope cuando termina la frase con el tema de la evaluación. Es la evaluación la que guía los procesos tanto de lo que los profesores enseñan como los de las estrategias que los alumnos despliegan. Fijémonos en lo que sucede en las Pruebas de Acceso a la Universidad. Se trata de una evaluación que determina el proceso de enseñanza y aprendizaje reales. Como esto es así, nuestra propuesta de diseño comienza, una vez definido el contexto, en identificar con precisión la evaluación tal como se ha propuesto en trabajos anteriores (Jiménez-Rodríguez 2011, 2019a,2019b).

Si el currículo real no ha dado el paso a ser competencial tampoco ha hecho falta cambiar los recursos materiales — el entorno físico de la enseñanza— y podríamos añadir los organizativos o funcionales— como la función de la inspección, la gestión pedagógica, no administrativa, de los centros y, fundamentalmente la organización de la enseñanza medida en horas/semana por asignatura y un calendario fijo, con un espacio para los alumnos y no para el aprendizaje, y un profesor por grupo, que son la base material-funcional del paradigma anterior — y, si hubieran cambiado, sin modificar el paradigma y el resto de factores, posiblemente hubieran sido inútiles pues los que tenemos se adecuan bien al modelo real que los generó y "determinó".

El siguiente elemento es el personal. Podemos agrupar tanto el profesorado en ejercicio como el que está en formación. Tenemos un gravísimo problema con la formación inicial y también con la formación permanente. Posiblemente la clave —más allá de que los planes de estudio de las universidades pueda o no estar desactualizados pues la Orden que los regula data de 2007 y se espera una nueva en 2025-— la encontramos en la pregunta recogida en la obra que lleva por título "¿Quién forma a los futuros docentes?" que coordinaron en 2021 Graciela Cordero y Paulino Carnicero y que aglutina a numerosos investigadores del

Observatorio Internacional de la Profesión Docente liderado por Imbernón en la Universidad de Barcelona. El perfil de estos formadores suele estar marcado por los estudios iniciales. Los formadores de educadores en las universidades mantienen fidelidad a este ámbito de conocimiento en el que normalmente investigan y publican. Están en Educación, pero son y se sienten del ámbito de conocimiento del que proceden que es del que tiene formación, donde se sienten seguros y que, desde una visión disciplinar, más pueden aportar. Paradójicamente, están formado educadores profesores doctores en múltiples disciplinas sin un crédito formal de formación en Ciencias de la Educación y sin experiencia alguna de docencia en Enseñanzas Medias. A nivel institucional, el claustro de Máster de Secundaria se complementa con profesores asociados que ejercen en las enseñanzas medias, donde la experiencia y el autodidactismo son lo habitual, estos tienen a su favor su propia experiencia, pero siguen sin formación específica sobre Educación. Cuando estos formadores de formadores enseñan lo hacen de lo que saben, como no puede ser de otra manera.

Por último, Marope establece la coherencia entre los elementos clave para la eficacia del sistema y la eficiencia de los recursos. Con lo dicho hasta ahora podemos ver como esta coherencia interna, este alineamiento, es muy complicado. Tiene los pies en dos paradigmas diferentes. Pero el real se parece mucho más al centrado en la enseñanza que aquel que está centrado en el aprendizaje, como pretende el legal-oficial. Como, además, el resto de los elementos que señala Marope no han acompañado su implantación y el pacto educativo en nuestro país no interesa políticamente, hemos tenido, y desafortunadamente tendremos, cambios continuos de leyes fallidas o, como mucho, un sistema educativo burocratizado y asfixiante donde lo oficial y lo real solo se encuentran en dicha burocracia.

El currículo que se presenta desde la LOE de 2006 hasta la LOMLOE de 2021 pretende ser competencial. Coll y Martin, (2022) establecen cuatro principios para que los aprendizajes lo sean. En primer lugar, que los conocimientos se pongan en acción, que se apliquen. Para ello lógicamente hay que adquirirlos y es en la memoria donde residen. Es falso que con el aprendizaje competencial los alumnos tienen que aprender menos. Sin embargo, sí hay que aprender mejor, porque los conocimientos hay que activarlos y utilizarlos de forma integrada y articulada para responder a situaciones específicas. En segundo lugar, se han de integrar distintos tipos de conocimiento. Las competencias son sinónimo de combinación y de complejidad, por ello la inclusión de distintos tipos de saberes es pertinente y necesaria. Además, en tercer lugar, los contextos son importantes porque las competencias son respuestas a problemas que se plantean en ellos. Tanto el aprendizaje como la evaluación debe estar contextualizada. Y, por último, incidiendo nuevamente en la evaluación, es en la acción, en la ejecución del conocimiento donde se puede realmente establecer el grado de consecución de los aprendizajes.

Estos cuatro elementos se dan en las situaciones de aprendizaje y no necesariamente en las unidades didácticas lo que explica la necesidad de articular el currículo a través de las primeras.

La LOMLOE presenta algunos conceptos clave que más allá de domesticarlos identificándolos sin más con lo ya conocido cambiando solo el nombre, merece la pena entender. Son las ideas las que tienen la capacidad de cambiar la práctica y sin nuevos conceptos, nuevos significados, no hay posibilidad de pensar diferente y, en esto, el currículum actual ha hecho un esfuerzo que puede dar sus frutos. Por otra parte, para que el currículo oficial no se convierta en monolítico y cerrado, perdiendo así la posibilidad de ejercer la libertad de enseñanza de instituciones y centros y hacer realidad la adaptación a los contextos —que se ha demostrado como uno de los factores más eficaces para el aprendizaje— presentaremos a un tiempo la "arquitectura" de los elementos clave del currículo de LOMLOE y cuál puede ser el trabajo que, desde nuestra propuesta, se ha de hacer para tener un currículo institucional y de centro, coherente y bien alineado. Este último elemento, la alineación curricular, es clave en los avances que esta Ley propone en lo pedagógico. La articulación coherente desde las asignaturas a las competencias se "garantiza" y se explicita vinculando los criterios de evaluación a las competencias clave mediante las competencias específicas. Veremos cómo.

El perfil de salida, los descriptores y el modelo institucional de los centros

Un elemento relativamente nuevo es el establecimiento de los perfiles de salida para cada etapa — Educación Primaria, Secundaria y Bachillerato y en algunas CCAA han determinado también el perfil de E. Infantil— a través de la concreción de las competencias clave por medio de descriptores. De este modo, más allá del nombre que puede sugerir unos u otros aprendizajes necesarios, se establecen un conjunto de mínimos que pueden orientar la acción y facilitan compartir significados. Dichos perfiles emplean los mismos descriptores, que son desempeños o acciones que el alumno debiera poder realizar al finalizar la etapa correspondiente, a lo largo de todo el itinerario formativo. Que los descriptores sean desempeños es muy importante porque facilita un horizonte claro y también la evaluación. En Formación Profesional, mucho más diversa en su propósito formativo, se establecen también dichos perfiles que se despliegan luego en competencias y resultados de aprendizaje. Además, las Competencias Clave, que en un principio se circunscribieron para la educación obligatoria, se fueron integrando en otras etapas y momentos educativos completándose con "Competencias Clave para un Aprendizaje a lo Largo de la Vida" que la Unión Europea incorporó en 2010 al resto de aprendizajes, incluida la Formación Profesional.

El perfil de salida está al servicio del objetivo principal del sistema educativo que es: "Lograr que todas y todos los jóvenes alcancen su máximo desarrollo integral, en un contexto de igualdad de oportunidades, adquiriendo las competencias que les permitirán desenvolverse con garantías en la sociedad global de las próximas décadas". (Preámbulo de la LOMLOE).

La elaboración de este perfil secuenciado tiene diversas fuentes: el proyecto DeSeCo de la OCDE de 2002, la revisión de las competencias clave realizada en 2018 en el seno de la UE e incorpora aspectos de otros acuerdos y documentos internacionales como son los ODS de la ONU o *Key Drivers of Curricula Change in the 21st Century de* la Oficina Internacional para la Educación de la UNESCO.

A partir de la revisión del 2018 las ocho competencias clave incorporan en su definición tres elementos nuevos. En la definición anterior se decía que *son aquellas que todas las personas precisan para su realización y desarrollo personales, la integración social, la empleabilidad y la ciudadanía activa.* A las que se han añadido tres finalidades más, acordes con los tiempos y son: *Un estilo de vida sostenible, éxito en la vida en sociedades pacíficas y un modo de vida saludable.*

Las Competencias Clave se concretan a través de los descriptores operativos que son, como decíamos al inicio, desempeños propios de cada una de dichas competencias. En ellos se incorporan los conocimientos, las destrezas y las actitudes que el alumnado debería adquirir y desarrollar al término de la Enseñanza Básica. Para establecerlos se han elaborado contextualizando para España los marcos europeos y sirven para operativizar las competencias desde un punto de vista curricular.

Pero si los centros, de cualquier tipo, quieren que su propuesta de formación no quede desarticulada, la adaptación debe empezar en este punto. El perfil de salida de la Ley es común y de mínimos, por lo que se ha de asumir por parte de las comunidades educativas. A partir de ahí, habrá que incorporar las propuestas de su propio proyecto educativo.

Esta incorporación no se debe hacer por yuxtaposición. Salvo que la propuesta de formación humana que todo centro debe ofrecer quede relegada a lo extracurricular y al currículo oculto un centro no debería tener la bicefalia de la instrucción "escolar" y, por otra parte, debe darse la formación "personal" que es objeto de tutorías, campañas, y "actividades diversas". Cuando pensamos así, que es muy común, en el fondo seguimos pensando que en clase se aprenden cosas que derivan de las diversas ciencias. Lo de la educación integral—que teóricamente es el centro y fin del currículo oficial— es algo que se procura y desea, pero que no se integra en la dinámica del currículo explícito-real por mucho que el currículo prescriptivo lleve dos décadas proponiéndolo como obligatorio en leyes orgánicas.

La reflexión conjunta y el trabajo realizado con algunas instituciones educativas nos ha llevado a plantear con éxito la integración de la propuesta curricular legal con la propia. ¿Cómo hacerlo? Pues teniendo el perfil de salida oficial como punto de partida ya que este es preceptivo. A partir de él contrastamos las propuestas educativas que derivan del "carácter propio". En este proceso de comparación encontramos elementos que son propios de la legislación, otros, muchos, que son comunes a la propuesta oficial y a la propia, y en tercer lugar propuestas educativas que solo encontramos en las instituciones. El currículo del centro, si quiere ser fiel a la sociedad y su propia propuesta que es pública y vinculante, debe integrar en estos últimos al perfil de salida y convertir sus fines educativos en currículo de aula, propio y legítimo de cada una de las asignaturas.

Los elementos propios se integran entonces en los distintos niveles de los perfiles de salida. Esto se hace bien añadiendo—nunca reduciendo— algunas características a los descriptores que figuran en la Ley o bien introduciendo en el listado de descriptores alguno nuevo que pueda concretar las finalidades educativas que superan lo planteado en el currículo oficial.

De las tres categorías descritas más arriba — lo que sólo encontramos en la legislación, lo que es común y lo que es propiamente institucional— sólo la tercera, exclusiva de los centros, no está categorizada por etapas educativas. Por lo tanto, procederemos a completar el perfil de salida por la etapa de mayor recorrido curricular — por ejemplo, el bachillerato si se trata de un instituto o de un centro integrado— elaborando un itinerario progresivo —regresivo en este caso —de estos mismos descriptores en las etapas precedentes con el modelo de los oficiales. De este modo tendremos un perfil de salida propio y absolutamente necesario para poder después contextualizar el resto de los elementos curriculares, sin que falte la finalidad, en todos los aprendizajes y podamos, en los centros, no solo enunciar cuáles son nuestros grandes objetivos educativos, sino también desarrollarlos en las aulas y evaluarlos. Esto podemos hacerlo ahora mejor que en el pasado gracias al alineamiento curricular del que ha dotado la LOMLOE al sistema y que seguiremos explicitando a continuación por medio de sus elementos clave.

Las competencias específicas

La LOMLOE "no se ha atrevido", como suele decir Javier Valle (2021), uno de los artífices de esta Ley, a proponer un currículo directamente competencial. Si se pretende que el alumnado adquiera competencias parece que el camino correcto hubiera sido establecer una serie de experiencias de aprendizaje que las procuraran de forma inmediata. Pero no ha sido así, pues el currículum escolar sigue centrado en un desarrollo de conocimientos científico-culturales donde el objeto de la enseñanza puede ser prioritario sobre el sujeto que aprende que es el ámbito de las competencias.

Las competencias no se pueden dar si no existen las personas que las adquieren dado que en fondo son "atributos" que configuran a los individuos y que pueden ser aprendidas, es decir forman y conforman la imagen o "el perfil" que alguien puede tener y ser.

A mitad de camino entre las asignaturas tradicionales y las competencias aparecen las "competencias específicas". De forma ordinaria pensamos que la meta se obtiene por medio de pasos más concretos y simples que nos van llevando a ella, que lo general se alimenta de lo específico.

En este nuevo concepto de las *competencias específicas* vemos claramente la "disfunción" de pretender competencias clave y articular el currículo por asignaturas.

De forma intuitiva las competencias específicas pensamos que podrían ser las competencias clave, concretadas en otras más simples o, como su propio nombre indica, estas especificarían aquellas. Pero no es así. Como el currículum sigue siendo por materias o asignaturas las competencias específicas se proponen como los objetivos de aprendizaje, eso sí competenciales, de cada una de las asignaturas.

Es cierto que haber pasado de un currículo real por asignaturas a uno "legal" por competencias habría tenido consecuencias poco controlables. Por una parte, esta opción es positiva: haber pasado de asignaturas a competencias hubiera introducido tal caos en el sistema que lo hubiera tensionado excesivamente. No hay ejemplos vivos suficientes en nuestro contexto a los que poder imitar, ni existe la formación capaz de asumir este gran cambio. Por otra, es negativa: pues seguir con el esquema de asignaturas, sobre todo como es nuestro caso, en la enseñanza media y formación profesional, remite al contenido disciplinar de siempre en primera instancia y vuelve a poner el foco en los conocimientos propios de cada ámbito científico. En él el profesorado se siente más seguro y cómodo y va a hacer muy difícil completar el objetivo general de formación integral que enunciábamos antes, objetivo que, por otra parte, no es en absoluto nuevo y que existe, pero que sigue quedando en el terreno del currículo oculto. Está claro que los criterios de evaluación, donde deberíamos mirar a la hora de saber qué enseñar y evaluar, son competenciales. Pero llevan siéndolo desde el 2006 y no ha sucedido nada relevante. La distancia entre los criterios legales y los reales es excesiva como ya hemos analizado más arriba.

Si las competencias específicas no son "especificaciones" de las básicas, ¿cuál es su relación con ellas?, ¿cómo seguir articulando el currículo? Pues aquí el legislador nos ha pedido realizar cierto acto de fe y nos viene a decir que las competencias clave *están relacionadas con las específicas a través de los descriptores de las distintas competencias*. En definitiva, que no nos preocupemos, que la coherencia está garantizada y que ellos se han encargado de que haya alineamiento y coherencia interna. Para ello encontramos en el BOE y en los diferentes boletines autonómicos una descripción de dichas competencias específicas, su vinculación con otras competencias y con el perfil de salida del alumnado.

La claridad que se logra en la operativización de las competencias clave a través de la definición de los perfiles de salida por etapas y los descriptores, que al ser desempeños permiten evaluación, se pierde aquí donde el concepto de "relación" es real, pero difuso. ¿Hay relación directa, con evidencias de aprendizaje del alumnado, entre lo que se desarrolla en un momento determinado en una asignatura y un descriptor de una competencia clave? ¿Cuál? ¿Por qué? No se define ni se establece el criterio para hacerlo en caso de que alguien que no pertenezca al grupo legislador quiera analizarlo o establecer relaciones nuevas. Hay una relación de sentido, pero no existe un vínculo funcional, efectivo, basado en evidencia que permita a los profesionales y a los claustros conectar el aula con los perfiles de salida de manera clara. Si se pretende un perfil es imprescindible que se sepa qué se va a hacer, cuándo y cómo se va a enseñar y evaluar lo que pueda garantizar que cada uno de los descriptores se consiga.

Además, esta "relación" real e indefinida, que no tiene criterio de adscripción explícito, deja fuera el currículo del centro y se preocupa solo del currículo oficial. Recordamos que tal como hemos planteado en el punto anterior, los perfiles de salida pueden y deben revisarse para dar cabida a las propuestas que emanan de las iniciativas formativas de los centros o instituciones educativas, por lo tanto, en las competencias específicas también es necesaria una adaptación.

Parece evidente que, si la forma de concretar y hacer posibles los perfiles de salida es mediante la consecución de las competencias específicas de las asignaturas, habrá que añadir a estas, como planteábamos en el paso anterior, nuevas competencias específicas o aspectos nuevos en las competencias específicas "oficiales y comunes" que reflejen en el currículo explícito las intenciones educativas particulares que no están presentes en la normativa y que, legítimamente, se proponen a la sociedad y hacen viable el derecho a la enseñanza sin recurrir a currículos paralelos y no integrados en el de aula.

En el siguiente capítulo desarrollaremos una alternativa de análisis de los aprendizajes específicos —indicadores—, integrados en los criterios de evaluación, que serán evaluados. Gracias a ellos se tendrá evidencia de los aprendizajes adquiridos por cada alumno y en qué grado, de manera que se pueda vincular los aprendizajes reales que han sido obtenidos en las aulas y las competencias clave del perfil de salida por medio de la relación sustantiva de dichos aprendizajes con los descriptores.

Los criterios de evaluación

Las competencias específicas se concretan en los criterios de evaluación. Estos son para cada una de las materias— como las competencias específicas— y no necesariamente para cada curso. Son el elemento que nos habla de los aprendizajes concretos que los alumnos han de conseguir superar y por lo tanto, en un paradigma de enseñanza centrada en el aprendizaje, son la brújula del trabajo del profesor. La tarea del docente es que los alumnos, como mínimo, muestren al final de cada determinado periodo para el cual los criterios han sido indicados, que han superado lo que se pretendía.

Al igual que los dos elementos curriculares anteriores, la posibilidad de ampliar dichos criterios con elementos que integren matices o nuevos criterios —nunca reducir, pues el currículo oficial es de mínimos— que hagan posible que se puedan llevar a cabo las competencias específicas de "carácter propio" de cada centro será imprescindible.

El camino de diseño curricular debe poder transitarse, por lo tanto, de arriba abajo, desde las competencias clave, el perfil de salida y sus descriptores hasta los criterios de evaluación o de abajo a arriba, desde los criterios hasta las competencias clave. Si algo plantea de original la LOMLOE es que subraya esta coherencia curricular de forma explícita. En realidad, es el reto que podría hacer posible la finalidad de la educación integral mediante el currículo competencial. Y lo expresa así:

Los criterios de evaluación presentan un reto y es que vayan indisolublemente unidos a los descriptores del perfil de salida, a través de las competencias específicas, de tal manera que no se pueda producir una evaluación de la materia independiente de las competencias clave.

La eficacia de los criterios reside en su formulación y en dejar de una vez de lado la imprecisa fórmula de la "relación con". Lo que se desarrolla en el currículo formal, evidentemente, "está relacionado" con los criterios de evaluación, faltaría más. Sin embargo, esta relación es de *identidad*. Los criterios son descripciones de los aprendizajes en términos de resultados. Es decir, son formulaciones de lo que el alumno hace gracias a lo que aprende en un proceso de enseñanza aprendizaje. Por eso en su redacción establecemos el germen del desarrollo curricular del aula y, gracias al principio de alineamiento, nada es arbitrario. Lo que debemos hacer, una vez definidos los criterios es ver cómo los conseguimos en equipo de la forma más eficaz posible según las personas que han de aprender y sus contextos. En esto consiste la profesión docente. En tomar decisiones que ayuden a aprender, llevarlas a cabo y reflexionar sobre ellas volviendo a la práctica para mejorarla.

La formulación de estos criterios de evaluación—que adoptan la forma de resultados de aprendizaje exactamente igual que se lleva proponiendo décadas en las enseñanzas universitarias, al igual que se incorpora el *perfil de salida* a espejo del *perfil de egreso* vigente en el Espacio Europeo de Educación Superior— se debe hacer del siguiente modo:

1. En primer lugar, se emplea un verbo de acción en infinitivo, lo que lo hace evaluable, expresando el proceso que el alumnado debe adquirir y, por lo tanto, podrá mostrar.

2. A continuación, el contenido, los saberes que el alumno ha de adquirir y sobre los que actúa el verbo. Se expresa con sustantivos y es lo que el alumno debe aprender.

3. Por último, el contexto o modo de aplicación y uso del contenido, la finalidad o, en general la circunstancia—situación— en la que se desarrollará la acción del verbo.

Esta formulación de los aprendizajes pretendidos por medio de los criterios descentra el objeto de la enseñanza de los contenidos disciplinares. Los contenidos o saberes, de los que hablaremos a continuación, son los ingredientes de la receta, pero no el plato que se sirve a la mesa. Son los materiales para la construcción de un proyecto, pero no el proyecto.

Por otra parte, esta formulación de los criterios de evaluación determina un cambio sustancial en la evaluación. Si lo que se tiene que aprender viene descrito por un verbo de acción y en un contexto determinado, solo la realización de dicha acción en ese contexto será capaz de poner en evidencia, manifestar, hacer evaluable, lo que el alumnado ha aprendido, es decir, la prueba de evaluación coincide con la misma acción fijada en el criterio.

Si consideramos lo que llevamos dicho hasta ahora, es fácil intuir que es pertinente y necesario que el currículo se desarrolle mediante *situaciones de aprendizaje*. Como veremos después.

Es en este punto donde situaremos la poco habitual tarea de coordinación de los aprendizajes que se recoge en la propuesta pedagógica del departamento.

La realidad es que, en caso de que exista, la coordinación en los departamentos se realiza por medio de la coordinación basada en contenidos— ni siquiera saberes— y es que los departamentos tienen en su base una concepción disciplinar, no competencial.

Sin embargo, la legislación valenciana establece la propuesta pedagógica de los departamentos en los siguientes términos:

1. *Cada departamento, coordinado y dirigido por el jefe de departamento, y en el caso de los centros privados el órgano con competencias análogas tiene que elaborar la propuesta pedagógica de departamento:*

   · *Reflexionar de manera compartida sobre el sentido de sus actuaciones.*
   · *La coherencia de las propuestas que ofrecen al alumnado.*

- *La adecuación de la organización y selección de los materiales.*

2. *La propuesta pedagógica para cada departamento tiene que concretar los elementos del currículo necesarios para planificar la acción educativa, así como los instrumentos de recogida y registro de información, y la respuesta educativa para la inclusión. La propuesta incluirá, al menos, los siguientes elementos:*

    - *La concreción de las competencias específicas en el ciclo o curso en cuestión*

    - *La selección de los saberes básicos necesarios para adquirir y desarrollar las competencias específicas,*

    - *La concreción de los criterios de evaluación de las competencias específicas.*

    Estos acuerdos tienen que formar parte de la propuesta pedagógica correspondiente, que se tiene que recoger en la concreción curricular del centro.

3. *La concreción curricular, además de la propuesta pedagógica prevista en el punto 2, tiene que incluir:*

    - *Los modelos de informes de evaluación para la ESO y el Bachillerato.*

    - *Los instrumentos de recogida y de registro de la información.*

Centrándonos en el punto 2, cabe señalar que la enumeración de la concreción de competencias específicas, de saberes y de criterios de evaluación podría no estar alineada y, si eso es así, volveremos a que todo está "relacionado", ¡cómo no!, pero es fácil romper la cadena de transmisión que hace del trabajo en el aula un medio para la educación integral con una propuesta pedagógica sistémica.

De estos tres elementos curriculares señalados por la Administración que los departamentos deben concretar —competencias específicas, criterios y saberes— hay uno que debe marcar la pauta a los demás, que es variable independiente, mientras los otros dos lo son dependientes. Se trata de los criterios porque describen los aprendizajes y todo debe estar en función de estos. La formación en una institución educativa es siempre un itinerario vital que debe recorrer quien aprende. Por lo tanto, la gestión curricular de las instituciones educativas por medio de los educadores debiera conformar un itinerario idóneo para el aprendizaje en cada contexto, donde el claustro acompañase, sin cambios de rumbo ni repeticiones de etapas ni saltos... al alumnado.

Si el paradigma de partida está centrado en el aprendizaje, como sostenemos desde el inicio, son los aprendizajes los que se deben plantear como punto de partida. La cuidadosa redacción y selección de los criterios de evaluación es clave.

Los verbos de los criterios marcan orden, y como el aprendizaje necesita tiempo porque se trata de *transformar por dentro y crecer*, también son indicadores de secuencia cronológica. Los verbos empleados para describir las acciones que manifiestan la profundidad y complejidad con la que se aprende están científicamente clasificados. A estas clasificaciones, como en otras ciencias, se las denomina taxonomías. La más empleada y conocida es la de Bloom que data de la década de los cincuenta del siglo pasado y que ha tenido, ya en los dos mil, algunas actualizaciones. De esta vieja pero clarificadora propuesta de organización, se desprenden al menos dos condiciones: que los aprendizajes están jerarquizados y que no se puede llegar a los aprendizajes de carácter superior sin haber pasado previamente por los menos complejos, es una escalera que se sube peldaño a peldaño. Si a esto le sumamos las aportaciones del constructivismo educativo y de la neurociencia tendremos herramientas para seleccionar, mediante la ordenación de los criterios de evaluación, no mediante los contenidos o saberes, qué va primero y qué después. Además, dentro de cada criterio, que se formulan para el final temporal del periodo que cubre la prescripción curricular, el tipo de aprendizaje definido en el verbo del criterio nos ayudará a redactar otros criterios "intermedios" que pueden ser necesarios, a menudo lo son, para llegar a la extensión o profundidad del criterio finalista. Además, a partir de la determinación precisa de los aprendizajes pretendidos, podemos deducir con cierta facilidad qué saberes son necesarios en cada momento y cuál es el vínculo entre los criterios de evaluación, las competencias específicas y las competencias clave.

Los saberes básicos

¿Por qué llamar a los contenidos saberes? Pues porque el lenguaje es esencial para el pensamiento. Cuando los profesores en particular, y el resto de la comunidad educativa en general, escucha el término contenido piensa en lo que las diferentes materias disciplinarias aportan. Son lo que tradicionalmente se considera en la cultura de las enseñanzas medias que se ha de adquirir. Son las "cosas de cada ciencia" que siguen siendo la parte del león de nuestras aulas. Solo hay que hacer un análisis de las pruebas de evaluación que se emplean para ver sobre qué versan y enseguida nos daremos cuenta de qué se está enseñando, de qué estudian nuestros jóvenes y de dónde se extraen las calificaciones de los expedientes académicos.

Pasar de contenidos a saberes es una buena idea. El aprendizaje competencial por naturaleza es una combinación de distintos tipos de conocimientos que las personas empleamos a la hora de la acción en un contexto determinado. El concepto de saberes no excluye en absoluto los contenidos disciplinares, pero los superan con creces porque se pretende que la educación sea integral y eso compromete muchos conocimientos y aprendizajes que van más allá de lo disciplinar. Los saberes pueden tener que ver con conocimientos, pero también con habilidades y destrezas, con valores y actitudes, con la dimensión cognitiva pero también la afectiva, la social e incluso la espiritual, la intrapersonal y la interpersonal, ...

Los que el currículo recoge y califica como básicos son aquellos *que no deben faltar*, no son en absoluto todos los que el alumnado puede aprender o los que el profesorado puede, e incluso debe, enseñar. De hecho, las situaciones de aprendizaje, que abordaremos a continuación, pueden estar exigiendo que el alumno adquiera saberes que no aparecen en el currículo pero que se hacen imprescindibles para el desarrollo de estas o para que sean funcionales y cercanas a la vida, que por cierto, es una de las características que las define.

Para la elaboración de la propuesta curricular de centro que los departamentos deben realizar, una vez hecha la secuencia y determinados para cada curso los criterios/aprendizajes pertinentes, vincular los saberes es una tarea deductiva, no inductiva. Si recurrimos de nuevo al símil de la cocina, una vez decidido el menú, un cocinero experto deduce inmediatamente qué ingredientes necesita. En ocasiones la realización de esta tarea nos enfrenta a dos circunstancias: no encontramos saberes en los bloques del currículo que hagan posible la consecución de lo declarado en los criterios, o bien lo contrario, tenemos saberes que no parecen estar relacionados con criterio alguno. Ante esta situación la norma que ha de guiar nuestra toma de decisiones es la sistematicidad del currículo y tener claro que son los criterios de evaluación los elementos que actúan como variable independiente. Si hay saberes básicos —y por lo tanto irrenunciables— que no encuentran acomodo en los criterios tendremos que modificarlos, siempre ampliándolos, pues los del currículo son de mínimos, para darles cabida. Si es lo contrario, tendremos que incluir los saberes que sean precisos. Los cocineros saben si a una lista de ingredientes le falta un elemento en función del plato que van a preparar. Del mismo modo los profesores sabemos que para que un aprendizaje sea posible son imprescindibles determinados saberes. Si los aprendizajes se identifican con los contenidos, el propio contenido se convierte en el centro y entonces todo es *mucho más fácil de determinar*, pero estaremos generando un sistema educativo distinto del que decimos preferir y que además es preceptivo. Evidentemente un sistema centrado en contenidos difícilmente formará integralmente y, si lo hace, será de manera informal, lo que no nos permitirá ni controlar, ni evidenciar, ni mejorar lo que hacemos porque pasaremos de las evidencias a las impresiones a la hora de tomar decisiones.

Las situaciones de aprendizaje

Con la LOMLOE han llegado las situaciones de aprendizaje. Tienen antecedentes claros en el trabajo por proyectos, en las unidades didácticas integradas o en los paisajes de aprendizaje, por citar algunos. Sin embargo, son la forma de articulación del currículo de aula más acorde con los elementos clave como son los criterios de evaluación y su formulación. Si el criterio de evaluación define un contexto, la forma en que se debe aprender debe estar "contextualizada" y, por lo tanto, necesita de una "situación" donde dicho aprendizaje se produzca y tenga sentido.

Existen diversas definiciones de situación de aprendizaje. Aun así, podemos destacar algunas características comunes:

· Son el modo de articulación del currículo que se desarrolla en las aulas.

· Es la planificación organizada de experiencias de aprendizaje en torno a un problema, un reto, al que debemos dar respuesta en un contexto cercano. El reto lo será si está adaptado a los intereses del alumnado y a su situación de partida. El reto motiva si se encuentra dentro de la zona de desarrollo próximo.

· Responden a la descripción de los aprendizajes que realizan uno o varios criterios de evaluación y por, por lo tanto, se generan experiencias que permiten adquirir dichos aprendizajes y evaluarlos.

· Admiten la interacción de aprendizajes simultáneos de diferentes materias, simplemente porque al estar cercanas a la realidad esta lo puede exigir, el mundo no está dividido en asignaturas.

· Siempre hay un producto, material o intelectual, que se puede emplear como instrumento de evaluación. Dicho producto suele estar implícito o explícito en el criterio de evaluación.

· Activa los saberes básicos adquiridos o mejor, exige la adquisición de los saberes sean básicos o no, porque la situación no se resuelve bien si no se poseen.

- Están vinculadas al aprendizaje donde el protagonista es el alumno por lo tanto las metodologías serán activas e invitan a colaborar y también inciden en la metacognición.
- Se trata de un desarrollo curricular coherente con el desarrollo de competencias.
- Favorecen la inclusión y para ello la perspectiva de diseño activa los principios del diseño universal de aprendizaje (DUA).

En el capítulo siguiente profundizaremos sobre las situaciones de aprendizaje e incidiremos en el proceso de creación sobre el principio del alineamiento y la centralidad de los aprendizajes que se describen en los criterios como punto de partida.

En definitiva, para pasar del currículo oficial al currículo del centro y luego al del aula tenemos que conocer bien la articulación de la LOMLOE y concretar, ampliando, el mínimo común que se prescribe en el currículo oficial. Por eso todo debe empezar revisando el perfil de salida, que es un *retrato robot* de los mínimos del sistema educativo y lo transformaremos en la descripción de la imagen de persona que da sentido a la existencia de las diversas instituciones y centros educativos, tanto públicos como privados, pues todo centro tiene en su proyecto educativo el punto de partida y de llegada de su acción. Si enriquecemos este perfil oficial, los medios que la Administración plantea para llegar a él no tienen por qué contemplar lo que se ha añadido como propio, por lo tanto, si no se quieren tener currículos paralelos y dejar en el ámbito de lo informal o no formal dichas propuestas educativas, habrá que implementar lo necesario, a través de las competencias específicas y los criterios de evaluación, para que sean posibles. Los departamentos deben establecer la secuencia y la coordinación para trazar una senda, un itinerario de aprendizaje lógico, ajustado en tiempos y contextualizado, en función de los aprendizajes descritos en los criterios y no en los contenidos disciplinares. Esta es una de las mayores inercias que, hoy por hoy, es más difícil de vencer. Una vez clarificada la acción conjunta y la de cada profesor relativa a cada curso, con los acuerdos que puedan ser necesarios, empieza la tarea de la programación de aula. En ella la forma coherente se encuentra en la sucesión de situaciones de aprendizaje. Pasemos a ver cómo se propone, en el siguiente capítulo, este diseño.

REFERENCIAS BIBLIOGRÁFICAS

Coll, C. Marín, E. (2022): *El trabajo competencial en el aula.* Cuadernos de pedagogía, Nº 537

Conselleria d'Educació, Cultura, Universitats i Ocupació (2022): *Decreto 107/2022, de 5 de agosto, del Consell, por el que se establece la ordenación y el currículo de Educación Secundaria Obligatoria.* DOGV

Cordero, P. y Carnicero, G. (rec) (2021) ¿*Quién forma a los futuros docentes?* Octaedro.

Jefatura del Estado (2006) : *Ley Orgánica 2/2006, de 3 de mayo, de Educación.* BOE.

Jefatura del Estado (2020): *Ley Orgánica 3/2020, de 29 de diciembre, por la que se modifica la Ley Orgánica 2/2006, de 3 de mayo, de Educación.* BOE.

Jiménez-Rodríguez, M.A. (2011): *Cómo diseñar y desarrollar el currículo por competencias.* PPC.

Jiménez-Rodríguez, M.A. (Coord.) (2019): *El diseño de unidades didácticas hoy.* Tirant Humanidades.

Jiménez-Rodríguez, M.A. (Coord.) (2019): *Programar al revés.* Narcea.

Ministerio de Educación y Ciencia (2007) *Orden ECI/3858/2007, de 27 de diciembre, por la que se establecen los requisitos para la verificación de los títulos universitarios oficiales que habiliten para el ejercicio de las profesiones de Profesor de Educación Secundaria Obligatoria y Bachillerato, Formación Profesional y Enseñanzas de Idiomas.* BOE.

OCDE (2002): *La definición y selección de competencias clave.* Agencia de los Estados Unidos para el Desarrollo Internacional (USAID).

Oficina Internacional de Educación de la Unesco. (2017): *Training tools for curriculum development.* Geneva: IBE 2017 (4695)

UE (2010): *Informe conjunto de 2010 del Consejo y de la Comisión sobre la puesta en práctica del programa de trabajo «Educación y formación 2010».* Diario Oficial de la Unión Europea.

Valle, J. (2022): *LOMLOE y cambio educativo: del mito competencial al reto curricular.* Educadores: Revista de renovación pedagógica, Nº 284, págs. 4-16

4. Diseño curricular de situaciones de aprendizaje. Guía didáctica

Las **situaciones de aprendizaje** son las células del tejido curricular competencial. Poseen alineados todos los elementos esenciales del currículo en el nivel de concreción del aula y, por tanto, son el instrumento en el que los profesores y maestros piensan y prevén lo que sus alumnos van a vivenciar como **experiencias de aprendizaje**.

Los conceptos de unidad didáctica y situación de aprendizaje[1] están muy próximos cuando el curriculum pretende que los alumnos adquieran

---

1. La programación didáctica es el documento en el que se concreta la planificación de la actividad docente en el marco del Proyecto Educativo y de la Programación General Anual. Con el fin de organizar la actividad didáctica, la Programación se concretará en diferentes Unidades de Programación que se corresponderán con Unidades Didácticas o Situaciones de Aprendizaje. En una Situación de Aprendizaje Competencial se concretan y evalúan las experiencias de aprendizaje. Para que estas experiencias de aprendizaje sean competenciales el docente o la docente debe diseñar Unidades Didácticas o Situaciones de Aprendizaje con tareas y actividades útiles y funcionales para el alumnado, situadas en contextos cercanos o familiares, significativos para este, que le supongan retos, desafíos, que despierten el deseo y la curiosidad por seguir aprendiendo; experiencias de aprendizaje que impliquen el uso de diversos recursos; que potencien el desarrollo de procesos cognitivos, emocionales y psicomotrices en el alumnado; que favorezcan diferentes tipos de agrupamiento (trabajo individual, por parejas, en pequeño grupo, en gran grupo). De igual forma, las metodologías elegidas deberán contribuir al éxito de los aprendizajes fomentando la

competencias y tiene como elemento generatriz el criterio o los criterios de evaluación. Gracias a que se van superando dichos criterios, se adquieren las competencias específicas de cada área o materia y por fin, y gracias a los descriptores con los que se relacionan, van completando progresivamente el perfil de salida, que no es otra cosa que una concreción de las competencias clave. Estos perfiles están descritos en las etapas de Educación Primaria, Secundaria Obligatoria y también para el Bachillerato con una intención clara de continuidad que se revela en que son las mismas competencias y los mismos descriptores para todas estas etapas. En el capítulo anterior ya se ha descrito cómo llegar de este perfil estandarizado al de centro.

Esta estructura curricular entronca también con las descripciones de perfil de egreso que se tiene en la Universidad desde la entrada en vigor del Espacio Europeo de Educación Superior, que se proponen, no como competencias clave, sino como resultados de aprendizaje de la titulación que se trate y que definen el perfil de egreso. Estos resultados son el alma de los títulos y se van consiguiendo a través del itinerario formativo que es el plan de estudios. Cada asignatura tiene a su vez resultados de aprendizaje que hacen posibles los del título. La formulación adoptada para los criterios de evaluación en las etapas iniciales y para los resultados de aprendizaje de la universidad es idéntica. Estamos, por tanto, en

motivación, facilitando el proceso y contribuyendo a una buena gestión del clima del aula. Por último, los productos elegidos deberán ser adecuados para la observación de los aprendizajes descritos en los Criterios de Evaluación, siendo coherentes con los procesos cognitivos, emocionales y psicomotrices en ellos descritos. El diseño debe tener como referencia uno o varios Criterios de Evaluación, que nos darán las claves de nuestra Situación de Aprendizaje, y a través de los cuales evaluaremos el logro de los aprendizajes descritos en estos Criterios al mismo tiempo que evaluamos el grado de desarrollo de las Competencias vinculadas a los mismos. https://www3.gobiernodecanarias.org/medusa/ecoescuela/sa/que-es-situate/orientaciones-sa/

Miguel Á. Jiménez Rodríguez / José A. Fernández Martín / Antonio Roura Javier

un momento de unificación del Sistema Educativo completo en función de competencias. La Formación Profesional, pionera en la introducción de las competencias en el curriculum, también se articula con un esquema semejante, donde las competencias se desglosan en resultados de aprendizaje, y estos en criterios de evaluación, que sirven a un tiempo para describir lo que los alumnos deben aprender y de qué deben ser evaluados.

Esta guía, con explicaciones exhaustivas, pretende justificar cada uno de los pasos que deben darse. Siempre con dos elementos subyacentes: el paradigma de la educación centrada en los aprendizajes y el alineamiento constructivo de John Biggs que, evidentemente, son complementarios. De este modo, el lector encontrará en ella el porqué de cada elemento curricular. Está pensada para iniciarse en el diseño o, en el caso de la formación de profesores en ejercicio, poder comprender mejor el alineamiento necesario de cada paso.

Finalmente, ofrecemos una versión de las tablas, sin anotaciones, que pretende facilitar una estructura para organizar el pensamiento y materializar el diseño curricular. Es imprescindible no pasar a emplear la segunda versión sin haber asimilado la primera. Si no lo hacemos así, el proceso de diseño, en lugar de ser un lugar de creación, puede convertirse en lo contrario: en una experiencia burocrática consistente en "rellenar celdas" de documentos con espacios en blanco.

PLANTILLA PARA EL DISEÑO DE SITUACIONES DE APRENDIZAJE. (GUÍA DIDÁCTICA)

Paso 0. Título y presentación general

Título de la situación de aprendizaje
Las "Situaciones de Aprendizaje" son experiencias que se vivencian en un contexto. Por eso el título puede ser un *anuncio* que indique, de forma atractiva, lo que se va a vivenciar y no el "contenido o el tema" que se va a tratar. Como en cualquier "creación", el título puede ponerse al final, cuando hayamos diseñado bien toda "la obra".
Presentación de la SdA: Breve explicación sobre lo esencial de la SdA. ¿Qué se va a aprender? ¿Por qué es adecuada? ¿En qué consiste (a grandes rasgos)?

Paso 1. Contextualización (marco curricular y de aplicación)

Identificación curricular y ubicación temporal				
	Competencia/s específica/s y criterio/s de evaluación.	Solo las referencias	Trimestre/ evaluación	
Etapa/ nivel/curso				
Área o materia	Competencia/s específica/s y criterio/s de evaluación de otras áreas/materias.	Solo las referencias	Periodo aproximado de implementación (semanas)	*Se pueden numerar las semanas del trimestre*

Otras áreas/materias vinculadas	El vínculo debe ser sustantivo, es decir, están vinculadas **porque se va a aprender y evaluar los aprendizajes que definen los criterios de valuación elegidos de otras áreas o materias**, no que haya relación en el tema o se empleen aprendizajes de otras áreas o materias	Saberes básicos y complementarios	Solo las referencias	Nº de sesiones

Contexto de aplicación de la SdA

El centro: Hay que tener en cuenta la **línea pedagógica del centro**, las **decisiones pedagógicas del ciclo o departamento** y, por supuesto **los destinatarios**. Las características del alumnado para el que diseñamos la Situación de Aprendizaje en el contexto de aula que es donde se desarrollará ordinariamente.

Aquí especificamos las características de las necesidades específicas de apoyo educativo (NEAE) que tendrán que verse reflejadas en el diseño de la SdA Podremos emplear la clasificación oficial de la siguiente tabla para definir la tipología de los diferentes perfiles de necesidades :

Necesidades educativas especiales derivadas de discapacidad, trastornos graves de conducta y/o trastornos graves de comunicación y lenguaje	Altas capacidades	Trastornos atencionales. TDA-H	Condiciones personales o historia escolar	Desconocimiento grave de la lengua de aprendizaje
Incorporación tardía al Sistema Educativo	Dificultades en la Enseñanza-Aprendizaje o Trastornos de aprendizaje	Retraso madurativo	Trastornos del lenguaje y la comunicación	Vulnerabilidad socioeducativa

Medidas de atención educativa a nivel de aula. Los principios y pautas DUA			
Para que la SdA sea más inclusiva aplicaremos los Principios y pautas DUA. Los Principios del Diseño Universal del Aprendizaje (DUA) y las Pautas básicas que los desarrollan "no deberían aplicarse a un único aspecto del currículum ni deberían ser utilizadas sólo con unos pocos estudiantes. Lo ideal sería que las Pautas se utilizaran para evaluar y planificar los objetivos, metodologías, materiales y métodos de evaluación con el propósito de crear un entorno de aprendizaje completamente accesible para todos". Idealmente esto sería lo adecuado. Sin embargo, realizar este diseño para todas y cada una de las propuestas curriculares (en las que además se podrían simultáneamente aplicar varias pautas) sería interminable. Vamos a tener en cuenta la aplicación del DUA en función de las características generales del grupo y también en el apartado anterior para alumnos concretos. Para poder señalar qué tipo de pauta emplearemos, pondremos a continuación de la actividad de la que se trate el código correspondiente. Por ejemplo, **DUA 2.2 significará** que la actividad contará con opciones para la expresión y la comunicación diversa. (por ejemplo, por escrito o por oral o expresando el resultado gráficamente o con un podcast...), Esta codificación es la que emplearemos en las tablas que despliegan la secuencia didáctica de cada sesión			
PRINCIPIOS DUA	**PAUTAS DUA**		
1. Proporcionar múltiples formas de representación.	1.1 Proporcionar opciones para la percepción.	1.2 Proporcionar opciones para el lenguaje, expresiones, matemáticas y símbolos.	1.3 Proporcionar opciones para la comprensión.

2. Proporcionar múltiples formas de Acción y Expresión.	2.1 Proporcionar opciones para la acción física.	2.2 Proporcionar opciones para la expresión y la comunicación.	2.3 Proporcionar opciones para las funciones ejecutivas.
3. Proporcionar múltiples formas de compromiso al alumnado	3.1 Proporcionar opciones para el interés.	3.2 Proporcionar opciones para sostener el esfuerzo y la persistencia.	3.3 Proporcionar opciones para la autorregulación.

PASO 2. ¿QUÉ SE VA A APRENDER Y QUÉ IMPORTANCIA TIENE?

(Los números corresponden a las indicaciones y justificaciones teóricas, que han de guiar las decisiones del diseño, presentes en la tabla)

Dado que partimos de un paradigma centrado en el aprendizaje, esta es la tabla más importante de todas. Es el elemento generador de toda la SdA, desde donde todo toma sentido. En la SdA tenemos como referencia los elementos curriculares y perseguimos los aprendizajes que definimos en el punto 3, donde se concreta, para esta situación —lo más exactamente posible— lo que los alumnos van a aprender, es decir, el conocimiento, del tipo que sea, que van a incorporar.

1. **Competencia/s Específica:** Competencia/s específica/as a la que pertenece cada uno de los criterios de evaluación del currículo oficial.

2. **Criterio/s de evaluación del currículo:** El currículo oficial describe, en los criterios de evaluación, los aprendizajes mínimos y comunes que el alumnado debe adquirir.

3. **Criterio/s de evaluación de la situación de aprendizaje:** Ten en cuenta que el criterio del currículo oficial (concretado en el centro) es para el final del periodo para el que se describe (final de etapa, ciclo, …). Si el criterio no pudiera ser abordado entero en el momento del curso en el que se esté —por ejemplo, la primera evaluación del primer curso no permite llegar a todo lo que describe el criterio del currículo oficial pues todavía necesitamos que los alumnos adquieran aprendizajes previos)— **describiremos en el criterio/s "exactamente" los aprendizajes que se pretendan adquirir en este periodo** con la fórmula: verbo de acción + sobre qué actúa el verbo (normalmente saberes básicos y otros saberes) + la circunstancia en que esta acción se debe realizar que en ocasiones expresa la finalidad.

Si en una situación de aprendizaje trabajas únicamente con parte del criterio no olvides **que deberás volver, más adelante, al criterio completo** en otra. Por otra parte, el criterio del currículo oficial es de mínimos. Nunca lo reduzcas, porque es de mínimos y no es posible salvo porque estás en proceso de llegar a él como se explicaba antes. Si lo haces, además, seguramente dejará de ser competencial. Lo que se añade a los criterios de evaluación refleja y da cabida, lógicamente, al segundo y tercer nivel de concreción curricular, (que corresponden a los niveles de centro y aula respectivamente). Si los criterios no se amplían (o "reescriben" siempre añadiendo algo) el currículo sería cerrado y el mismo para todos los centros (con lo que no existiría autonomía pedagógica y libertad de enseñanza).

4. **Indicadores y evidencias:**

· **Los Indicadores**

son siempre los diferentes aprendizajes que se combinan (porque el criterio es competencial) en el criterio e interactúan en la acción que se describe en dicho criterio; no existen por separado. Si nos olvidamos del criterio y nos centramos en los indicadores como unidades independientes volvemos a los objetivos operativos. Son más "concretos" pero dejan de ser competenciales. Los objetivos operativos y las competencias son conceptos antagónicos.

– Como la formulación del criterio es: verbo de acción + sobre qué actúa el verbo (saberes) + circunstancia en la que se realiza la acción, es muy fácil que haya que combinar diversos aprendizajes que son necesarios para que lo expresado en el criterio se cumpla.

– Los Indicadores permiten fijar los aprendizajes clave de cada criterio/s de evaluación de la SdA.

– Guían la acción docente en el diseño del proceso y son también imprescindibles para la evaluación porque concretan qué evaluar.

- **Las evidencias**

  – A menudo los indicadores siguen siendo complejos. Puede necesitar ser desglosado o especificado a su vez **en evidencias**, que son conductas concretas esperadas en función del proceso de enseñanza aprendizaje que planifiquemos.

  – De este modo, también explicitaremos "hasta dónde" se pretende llegar en cualquier aprendizaje de forma concreta. Esta descripción permite graduar los niveles de adquisición de los aprendizajes, facilitando la construcción de instrumentos de calificación.
  Para explicitar la relación entre los criterios, los indicadores y las evidencias emplearemos numeraciones decimales Criterio 1/Indicador1.1/Evidencias 1.1.a, 1.1.b, ...

5. La calificación

Es la medida del grado de consecución de los aprendizajes descritos en los criterios y concretados en los indicadores y las evidencias.

En esta columna pondremos el valor, en porcentaje ya que empleamos la base 10, que atribuimos a los aprendizajes que hemos establecido por medio de los criterios de evaluación que los describen.

Si solo hubiese uno, su valor sería del 100%. Es decir 10 puntos. Si hay varios, la primera decisión es atribuir valor relativo a cada uno de los criterios. (La suma será del 100%, 10 puntos).

Cada criterio puede estar concretado en indicadores, y a estos les otorgaremos el valor que creemos que deben tener dentro del criterio. La suma de los indicadores es igual al valor del criterio que concretan.

Del mismo modo, las evidencias también pueden tener valores distintos por lo que la suma de los valores de las evidencias es igual al valor del indicador del que dependen.

Es un error común atribuir porcentajes de calificación a las pruebas (y decir que estos valores son los criterios de calificación) como si estas tuvieran valor por sí mismas.

La prueba *per se* no vale nada. Recibe el valor del aprendizaje que pretende evidenciar para que pueda ser evaluado. Por esa razón, si queremos saber qué valor damos a cada prueba de evaluación **deberemos asignar valores a cada uno de los aprendizajes que pretendemos** (y que se definen en los criterios de la SdA). **La prueba recibe el valor del aprendizaje que evalúa.** Las calificaciones no son "el pago" de las tareas que el alumno realiza, sino la valoración de los aprendizajes adquiridos.

Competencia/s Específica/s	Criterio/s de evaluación del currículo	Criterio/s de evaluación de la situación de aprendizaje	Indicadores y evidencias	La calificación, (medida del grado de consecución de los aprendizajes descritos en los criterios concretados en los indicadores y las evidencias)
1	2	3	4	5

PASO 3 ¿CÓMO SE EVALUARÁN Y CALIFICARÁN LOS APRENDIZAJES?

3.1 La/s prueba/s de evaluación/producto final de la SdA. La evaluación inicial y la evaluación continua

La evaluación final o sumativa

– Una prueba de evaluación puede ser cualquier actividad[2] que el alumno realice (en coherencia con la acción del verbo/s del criterio/s) y que permita evidenciar los aprendizajes descritos en el/los criterio/s de evaluación. Muchas veces, la prueba de evaluación final o sumativa coincidirá con un producto que está implícito, a veces explícito, en dicho criterio/os y que, por ende, lo será de la SdA porque esta es el medio para lograr los aprendizajes.

– Normalmente, será una tarea (por la complejidad, contexto y finalidad, que coinciden con los criterios de carácter competencial) que en las SdA coincidirá con el "producto final" al que se orienta la situación diseñada.

---

2   Emplearemos el término actividad para denominar genéricamente las acciones que el alumnado realice en el proceso de aprendizaje, sean estas ejercicios, actividades o tareas.

Miguel Á. Jiménez Rodríguez / José A. Fernández Martín / Antonio Roura Javier

– La prueba será válida, si y solo si, al ser realizada por el alumnado, se puede evidenciar/verificar que los aprendizajes descritos en el criterio han sido adquiridos. Para ello debemos poder "ver" lo que hayamos establecido en los indicadores y en las evidencias empleadas para determinar mejor los aprendizajes esperados en la SdA. Si puede ser, en la misma "unidad de acción" porque esta "combinación simultánea" es propia de las competencias por definición, o en la secuencia de ejercicios, actividades o tareas que conduzcan a ella.

– Si no es posible, cambia de prueba hasta que la encuentres o incluso cambia de Situación de Aprendizaje porque **no es la situación, sino el aprendizaje, lo que hemos tomado como punto de partida y variable independiente** y tiene su origen en el currículo que hemos de desarrollar. Las situaciones de aprendizaje son medios y no fines y como tales debemos supeditarlas a los aprendizajes siendo fieles al paradigma al que nos acogemos.

– La experiencia de aprendizaje que culmina en el producto final de la **situación de aprendizaje que diseñes será, seguramente, el mejor escenario para evaluar.** La evaluación sumativa-final será el "espejo" del criterio/s de evaluación.

La evaluación inicial

Por supuesto, puede haber **evaluación inicial**, situada al comenzar la SdA, que no pretende calificar, sino verificar el punto de partida y orientar tanto el trabajo del alumnado y profesorado.

Y también evaluación continua o formativa

Que se realiza en el proceso para verificar cómo va el aprendizaje y poder tomar decisiones. No tiene como fin intrínseco calificar, sino generar información. Sin embargo, es posible que este tipo de evaluación necesaria, pueda ser objeto de calificación (sobre todo para estimular el estudio y trabajo de los alumnos) la calificación en la evaluación formativa tomará parte del valor que se haya atribuido al criterio o al indicador sobre el que estemos trabajando, puesto que no hemos llegado al punto final.

Si valoramos algún criterio completo antes de terminar el tiempo dedicado ala SdA no sería evaluación continua sino final (pues estamos valorando el criterio en su punto de llegada y no mientras se realiza el aprendizaje) y podríamos calificarlo con lo que se haya decidido en el paso 2

El diseño de estas pruebas debe seguir la misma lógica (determinar a qué criterio se dirige la verificación del proceso siempre concretando lo que se espera en el punto en el que se esté).

3.2 La calificación y sus instrumentos

– Para cada prueba/s de evaluación ¿qué instrumento/s de calificación serían el/los más adecuado/s?

– Para poder calificar con mayor objetividad, (y para poder activar todos los beneficios que tiene explicitar los criterios de calificación) diseñaremos y emplearemos instrumentos de calificación. Los principales son la rúbrica, la lista de chequeo o *check-list* y la escala de valoración.

– **Realizaremos una rúbrica** cuando los aprendizajes evidenciados en la prueba de evaluación (que nunca deberían ser ni más ni menos que los descritos en el criterio) sean un continuo —hay cierta "escala de grises" en la calidad de lo aprendido— y, además, podamos determinar fácilmente las conductas esperadas por los alumnos una vez hayan realizado el proceso de enseñanza-aprendizaje que vayamos a llevar a cabo. Esto es muy importante. Por ejemplo, no podemos esperar lo mismo si a algo se le ha dedicado poco o mucho tiempo. Las filas de las rúbricas serán los indicadores y las evidencias nos servirán para construir las columnas de las tablas rellenando las celdas con descripciones concretas de las conductas esperadas.

Si no podemos describir estas conductas con precisión, pero sí vamos a evaluar los indicadores y establecemos una gradación, de mucho a nada, de muy bien a mal o muy mal, o cualquier otra escala, el instrumento que tenderemos **será una escala de valoración.**

– Si los aprendizajes que vamos a evaluar se pueden diferenciar dicotómicamente (si/no; conseguido /no conseguido) lo mejor es que empleemos **una lista de control o de chequeo (check-list).**

– Como decíamos antes, emplearemos **la escala de valoración** cuando no sea sencillo concretar las conductas que esperamos (por ejemplo, cuando la solución de un problema o situación sea divergente y varias sean posibles). **Se indicarán los aspectos a valorar** (indicadores) y se establecerá la escala en que estos serán valorados, **pero no "qué significa" en términos de resultados o conductas observables, evidencias, cada una de las valoraciones posibles.**

– El instrumento de calificación más adecuado en cada caso se asocia a la prueba de evaluación concreta y emplea los indicadores y las evidencias que se han descrito en el punto 2. El valor que tendrán ya ha sido determinado en el paso 2 (**por medio del valor/ importancia atribuida a los aprendizajes).**

– **El valor de cada prueba, como se ha dicho, depende del valor del aprendizaje que pretende poner en evidencia.** Recuerda que, por sí misma la prueba no tiene valor, lo obtiene del aprendizaje que evidencia.

– Los instrumentos de calificación (rúbricas, listas de chequeo, escalas de valoración, ...) emplearán los indicadores y las evidencias como instrumentos esenciales para su construcción y evitarán incluir otros que no formen parte de los aprendizajes descritos en los criterios (pues normalmente, no deben ser evaluados aspectos que no han sido objeto de enseñanza-aprendizaje). Cuidado con las rúbricas, listas de chequeo, escalas... estandarizadas, valoramos los aprendizajes adquiridos en función del proceso concreto que los alumnos han llevado a cabo específicamente y no sobre la descripción de la conducta óptima. Este es un error común que lleva a comparar al alumno con características que no han sido objeto de enseñanza, o lo contrario, ya han sido conseguidas, por lo que no valoran aprendizaje alguno (ya que entendemos el aprendizaje como incorporación de conocimiento del tipo que sea).

3.3 Sistema de evaluación (inicial, continua-formativa y final): Aprendizajes, pruebas e instrumentos de calificación. En este cuadro indicaremos los aprendizajes que verificaremos en cada momento y el tipo de evaluación.

Evaluación inicial

Aprendizajes a evaluar	Criterio de referencia	Prueba	Inst. de calificación

Evaluación continua-formativa

Aprendizajes a evaluar	Criterio y/o indicador de referencia	Prueba	Instrumento de calificación	Valor de la evaluación continua con respecto al criterio de referencia

Evaluación final /sumativa

Saberes/aprendizajes	Criterio/s que evalúa	Prueba/producto final	Instrumento de calificación	Valor en la situación de aprendizaje

PASO 4. RELACIÓN CON LAS COMPETENCIAS DEL PERFIL DE SALIDA (PS) DE LA ETAPA

· A partir de los indicadores (los mismos que se han establecido al inicio en el paso 1, que son los que vamos a valorar como elementos clave del criterio/s), se vincularán las competencias clave y los descriptores del perfil de salida correspondiente al curso para el que se programa la situación de aprendizaje.

· Elegiremos solo uno de estos descriptores. *El que mejor se relacionen con cada uno de los indicadores. Lo hacemos con los indicadores porque son "unidades de sentido formativo" que estaban interactuando dentro del criterio. Y, a menudo, pueden (paradójicamente) pertenecer a distintas competencias clave del perfil de salida.*

· Como tenemos datos sobre qué ha aprendido cada alumno (los hemos evaluado) y pueden estar vinculados —aunque pertenezcan al mismo criterio— a competencias diferentes, podremos después tener una valoración más precisa sobre el nivel de competencia adquirido por cada estudiante.

· Para ser más precisos, concretamos el descriptor con el que cada indicador evaluado tiene un mayor vínculo. Así, si en todas las áreas o materias procedemos del mismo modo, cuando queramos valorar el nivel de competencias adquirido, podremos tener un buen número de valoraciones para cada competencia e incluso algunas para cada descriptor. Esta información facilitará la elaboración de planes personalizados y la determinación, no solo de las competencias adquiridas, sino el nivel de cada una de ellas en relación con el perfil de salida pretendido en la etapa.

Indicadores evaluados	Competencia clave (PS)	Descriptor (PS)

PASO 5. LOS SABERES BÁSICOS

	Área o materia	Bloque
Saberes básicos (conocimientos, destrezas y actitudes) del currículo oficial y *los necesarios para completar los aprendizajes descritos* en el criterio/s de evaluación de la situación de aprendizaje – Se trasladan aquí los saberes básicos que están en el currículo que vamos a aplicar en el centro (partiendo del oficial). – Se listarán todos los que sean necesarios para que los aprendizajes descritos en el criterio-s se puedan llevar a cabo. – Como los saberes básicos están agrupados por bloques, podemos registrar el bloque al que pertenecen. Nos ayudará a ello elegir los saberes básicos relacionados con la Competencia Específica a la que pertenezca el criterio o criterios de la situación de aprendizaje (o las indicaciones que algunas CCAA hayan establecido en sus concreciones curriculares). – Al igual que los criterios del currículo oficial, **los saberes básicos no son lo único que los alumnos tienen que aprender** (la LOMLOE los ha establecido como aquellos que son *imprescindibles* y sin los cuales los alumnos podrían tener dificultades en su desarrollo personal). Por lo que siempre es posible (y necesario porque el fin de		

la educación es llevar a los alumnos al máximo de sus posibilidades) añadir otros saberes. Estos deberán estar, por supuesto, implícitos y exigidos por los aprendizajes del criterio/s elegido/s en la situación de aprendizaje, razón por la que es necesario también ampliar los criterios si estos saberes no estuvieran implícitos claramente en el criterio. Esto tiene lógica en la estructura sistémica del currículum. **Cuando se modifica un elemento suele ser necesario modificar los demás.** – **Al igual que en los criterios, los saberes que exige la SdA pueden pertenecer a otras áreas o materias** Los saberes que sean necesarios en la SDA y no estén en el currículum los denominaremos complementarios. Si el centro en su concreción curricular ha establecido una clasificación pondremos las referencias correspondientes.			

PASO 6. SECUENCIACIÓN DIDÁCTICA: TEMPORALIZACIÓN, SABERES, METODOLOGÍA/ SECUENCIA DE ACTIVIDADES, AGRUPAMIENTOS, ESPACIOS Y RECURSOS

Explicamos en la tabla siguiente los criterios con los que completaremos la secuencia didáctica del paso 6.

• Este apartado recoge el fruto de las decisiones anteriores y las convierte en una secuencia didáctica de enseñanza-aprendizaje.

• Responde al resto de cuestiones esenciales del currículo. *Tales como: CUÁNDO, QUÉ, CÓMO y con QUÉ MEDIOS van a aprender los alumnos* (distinto de cómo vamos a enseñar).

- Se parte de la determinación del tiempo que dedicaremos a cada actividad formativa. Luego los saberes, para saber sobre qué vamos a incidir. A continuación las actividades formativas (regidas por las metodologías o los ejercicios, actividades y tareas propuestos), el tipo de agrupamiento, los espacios y los recursos (materiales y humanos) en los que podemos referenciar para cada actividad la documentación que incluiremos en los anexos, pues las tablas no son un buen lugar para explicar de forma extensa las actividades propuestas.

- También recordaremos **el criterio o el indicador al que se dirige** cada una de las acciones formativas propuestas.

- Finalmente reservamos una columna para poder, potencialmente, en cada una de ellas, asignar el **código correspondiente a las pautas DUA.**

- Incluiremos todas las **actividades que sirvan para aprender,** lo que **incluye las tareas que se planteen para realizar fuera del aula,** en particular los denominados *deberes,* por parte del alumnado (de lo contrario estaríamos programando nuestro trabajo y no el del alumno que es el protagonista del aprendizaje).

- Y las que tengan por finalidad verificar/evaluar los aprendizajes **(ya sea en la evaluación inicial, continua o formativa o sumativa o final).** En este momento no podemos entrar en detalles en aras de la claridad del diseño general de la SdA. Posteriormente habrá que especificar mejor cada sesión, que necesitará de un desarrollo más específico, en cada uno de los elementos que entran en juego.

🕐 **Temporalización**	De forma general. En sesiones (o parte de ellas). Para cada paso de la secuencia de ejercicios, actividades o tareas de la metodología elegida
Saberes	– Son los que se han decidido en el paso 5. – En este caso se sitúan en la secuencia como "objeto" de aprendizaje. Para mayor claridad podemos copiarlos. – Al igual que los criterios de evaluación, los saberes enunciados en el currículum (básicos) y los complementarios deben ser concretados pues a menudo aparecen de forma muy general en él y ahora **necesitamos saber exactamente qué va a aprender el alumno** (sean conceptos, procedimientos o actitudes) que sean precisos para que el alumnado adquiera los aprendizajes necesarios en la SdA. – En ocasiones estos saberes deben abordarse juntos para que una acción formativa sea posible (Por ejemplo: si el saber es "ser crítico" lo lógico es que se sea con "algo" que puede ser un concepto, un procedimiento o una actitud).

Metodología/ secuencia de acciones formativas	– La metodología es un **sistema de actividades** determinado.
	– **Nunca es arbitraria** ni vale por sí misma, pues no todas sirven de la misma manera. Ha de elegirse siempre la que mejor se alinee con los resultados de aprendizaje que se pretendan conseguir (y también con las características de los alumnos (donde entran en juego los principios DUA), los profesores que las van a llevar a cabo, el tiempo y los recursos disponibles).
	– En muchas ocasiones el criterio de evaluación nos va a señalar claramente cuál es la metodología que debemos elegir pues el verbo, que señala la acción o el conjunto de circunstancias/finalidades (para las que se emplean frecuentemente verbos en gerundio, adjetivos o adverbios), indican el modo en que las acciones del criterio deben llevarse a cabo y, por tanto, cómo deben ser aprendidas para que esto sea posible y coherente. Son sistemas de actividades con estructuras reconocibles por los profesionales y la comunidad científica, por ejemplo:
	  · Los proyectos y los proyectos de comprensión.
	  · Aprendizaje basado en problemas.
	  · Estudio de casos.

- Debates.
- Simulación y role playing.
- Aprendizaje por rincones.
- Aprendizaje por contrato.
- Rincones y contratos combinados.
- Aprendizaje por tareas.
- Aprendizaje basado en retos.
- Aprendizaje servicio.
- Aprendizaje experiencial.
- Web Quest
- Design Thinking.
- Aprendizaje basado en el pensamiento y rutinas de pensamiento.
- Clase invertida o Flipped Classroom.
- Gamificación.
- Escape Room educativo.
- Aprendizaje cooperativo
- Estructuras cooperativas simples (Spencer Kagan)
- Empleo de herramientas y recursos TICs integrados en las metodologías (incluida la IA)
- Círculo y asamblea.
- Centros de interés.
- Talleres.
- Exposiciones.
- Tertulias dialógicas.
- Seminario clásico.
- Tutorías (como método de aprendizaje personalizado).
- otros

- En el caso de que no empleemos ninguna de estas metodologías, sino que optemos por generar una secuencia de ejercicios, actividades y/o tareas, describiremos en qué consisten para que cualquier profesional pudiera llevarlas a cabo con el alumnado.

- Incluiremos en la secuencia las actividades que los alumnos deban realizar en casa de forma individual o en equipo. Esto es esencial para racionalizar los "deberes" e integrarlos en el proceso, teniendo en cuenta el trabajo "extra-escolar" que se manda y teniendo el centro como lugar privilegiado para el aprendizaje. Nuestro sistema es uno de los que más horas lectivas tiene en Europa y muchas veces el aprendizaje se realiza en casa, con una carga de "deberes" muy por encima de la media, lo que genera infinidad de problemas personales, sociales y familiares a la vez que una gran desigualdad de oportunidades. *Al colegio o al instituto debería irse a aprender y no a "informarse de lo que hay que estudiar en casa".*

- Aun así, estas tareas son en muchos casos irrenunciables. Son esenciales cuando se trabaja con metodologías como la clase invertida y se deben programar y enseñar pues son parte esencial del "enseñar a aprender" que complementa al "aprender a aprender" que es una de las competencias sistémicas más inclusivas y relevantes en la vida de los estudiantes.

- En todo caso, sobre todo en Secundaria y Bachillerato, el profesorado debería llegar a acuerdos para no sobrecargar los tiempos "fuera del aula" tendiendo al aprendizaje profundo y no a un continuo de tareas cuyo fin último sea ser entregadas.

- Consideramos que las actividades (ejercicios, actividades o tareas) que propongamos como pruebas de evaluación tanto inicial, como formativa o sumativa, tienen un enfoque educativo (aunque nos permitan calificar) y por eso forman parte de la secuencia didáctica. A menudo, tanto la realización como el análisis posterior, especialmente de los errores o el feedback del profesor o de los compañeros es una ocasión privilegiada para el aprendizaje. Esto justifica su inclusión en la secuencia, aunque su finalidad se amplíe a la evaluación.

- Cuando la actividad sea empleada para evaluar habrá sido establecida en el paso 3 y lo señalaremos en esta tabla en la columna **Crit/Ind/(EVAL)** escribiendo (Eval) en la fila correspondiente, con otra información que señalaremos en el lugar correspondiente.

– La SdA tiene también su "narrativa propia" ya que no deja de ser una experiencia de aprendizaje. Dicha narrativa va a mandar sobre las propuestas didácticas. Si no lo hacemos así, la SdA será "un tema del que hablamos" pero no una experiencia que hace necesaria y da sentido a cada actividad que realizamos.

Debemos tender a la **simplicidad** en el diseño de las tareas eligiendo las más oportunas para que haya tiempo y sean significativas. Aun así, la estructura general de la secuencia didáctica clásica nos puede servir de inspiración (aunque de manera natural una SdA nos brinda muchos de estos pasos de forma natural). Lo reproducimos aquí para que sirva de apoyo.

	Fase	Descripción de actividades y tareas
Inicio	Motivar y movilizar	Actividades para orientar al alumnado al nuevo aprendizaje.
		Actividades y tareas a modo de **introducción y motivación** al tema o contenidos a trabajar en la SdA, actividades para la **contextualización** y que doten de significado a la SdA.
		Presentación de la situación de aprendizaje, los objetivos y el producto a realizar.
Desarrollo	Activar	Actividades de detección de ideas previas o activación de **conocimientos previos** sobre los contenidos relacionados con la SdA.
		Análisis de situaciones, acciones o personas de su entorno más cercano a través de la observación y reflexión a partir de imágenes, vídeos , textos, etc.
		¿Incorporamos alguna rutina de pensamiento u organizador gráfico de ideas?
	Explorar	Tareas o actividades que componen esta sección: actividades de **investigación, valoración** de fuentes, localización de la **información**, elaboración de trabajos que sirvan para aprender
		– Reflexión y análisis por medio de preguntas, rutina de pensamiento u organizador gráfico de ideas, etc.

Cierre	Estructurar	Descripción de las tareas o actividades que componen esta sección: actividades de análisis, **estructuración**. – Reflexión y conclusiones de forma cooperativa. **¿Qué pasos** se deben llevar a cabo para elaborar el **producto** final teniendo en cuenta la información obtenida? Elaboración del producto o solución del reto siguiendo los pasos: – Trabajo individual previo al producto. – Puesta en común mediante grupos de trabajo. – Elaboración del producto o solución del reto de forma cooperativa.
	Aplicar y comprobar	Descripción de las tareas o actividades que componen esta sección: **presentación** del **producto** final y su posible **aplicación**. – Presentación o exposición del resultado. – Valoración individual (autoevaluación) y cooperativa (coevaluación) ¿Evaluamos el proceso? ¿Cómo? ¿Evaluamos el resultado? ¿Cómo?
	Concluir	Descripción de las tareas o actividades de **reflexión** o cierre a modo de **resumen, síntesis, extrapolación** a otros contextos y **consolidación** de aprendizajes. ¿Qué actividades o tareas planteas a modo de conclusión? ¿Audiovisual, TIC, gamificación, rutina de pensamiento, organizador gráfico de ideas...? – Preguntas de repaso. – Mapa conceptual. ¿Qué actividades o tareas planteamos para **metacognición**? **¿Y si...?** Proyección en otras aulas, centro escolar, barrio, localidad, prensa, internet...

Agrupamiento	Para cada actividad determinaremos el tipo de **agrupamiento**: Individual (IND) Parejas (PAR) Pequeño grupo (PG) Gran grupo (GG)
Espacio	Para cada actividad estableceremos el **espacio** en el que se ha de realizar la actividad. En nuestra arquitectura escolar el aula es el más frecuente, pero podemos emplear **el centro y sus diferentes espacios** haciéndolos más polivalentes (pasillos, comedor, patios, salón de actos, ...) que muchas veces reducimos a un uso único y ocasional. Especial mención tienen los espacios extraescolares como son la **"casa"**, donde se realizan las actividades que denominamos "deberes". También es importante pensar en que el contexto (**la ciudad, el barrio, el pueblo,** ...) ofrece multitud de oportunidades para el aprendizaje que a menudo no activamos.
Recursos	En esta columna señalaremos los **recursos materiales** que necesitamos sean estos analógicos o digitales y también podemos señalar **los recursos personales**. Omitiremos "profesor" porque lo damos por hecho, pero sí pueden ser otros docentes (codocencia), expertos externos, padres o tutores, voluntarios en comunidades de aprendizaje, alumnado de prácticas que puede tener un papel relevante en las actividades, ...
Crit/Ind (EVAL)	- En esta columna estableceremos **sobre qué criterio o indicador estamos incidiendo**. - Si la actividad sirve de evaluación pondremos además "(Eval.)" para indicar que se trata de una actividad de evaluación referida al criterio/os o al indicador/es correspondiente/s. - También podemos señalar el agente: si la evaluación la realiza el alumno, autoevaluación (**Aut**), Si es por pares, coevaluación (**Coev**) o si la realiza el profesor u otro agente formador (por ejemplo, un experto que haya formado parte de la SdA) que será heteroevaluación (**Hetev**). En ocasiones podemos emplear más de una de forma simultánea para poder contrastarlas y sacar conclusiones.
DUA	Señalaremos, según el cuadro del paso 1 (criterios y pautas DUA) qué tipo de adaptación proponemos en las actividades que así lo requieran teniendo en cuenta la contextualización que hemos realizado y las características del alumnado al que va dirigida la SdA.

Paso 6: Secuenciación didáctica		Sesión nº:					
🕐	Saberes/Aprendizajes	Metodología/Acciones formativas	Agrup.	Espacio	Recursos	Crit/Ind (EVAL)	DUA

PASO 7. EVALUACIÓN DE LA PRÁCTICA DOCENTE Y PROPUESTAS DE MEJORA

Indicadores	Valoración cualitativa	Propuestas de mejora
La SdA y su relación con el currículo		
La SdA y su capacidad para generar experiencias valiosas, motivadoras y funcionales		
El análisis del contexto (personas tiempo, recursos disponibles) y adaptaciones DUA realizadas.		
El sistema de evaluación (inicial, formativa y sumativa) y de calificación		
Gestión del tiempo		

Metodologías/actividades propuestas	
Coordinación entre docentes	
Clima de aula generado	
Otros	

PLANTILLA PARA EL DISEÑO DE SITUACIONES DE APRENDIZAJE

Tabla 1. Título de la SdA

Presentación de la SdA

Tabla 2. Marco curricular y contexto de aplicación

Identificación curricular y ubicación temporal		
Etapa/nivel/curso	Competencia/s específica/s y criterio/s de evaluación.	Trimestre/evaluación

Área o materia		Competencia/s específica/s y criterio/s de evaluación de otras áreas/materias.		Periodo aproximado de implementación (semanas)	
Otras áreas/materias vinculadas		Saberes básicos y complementarios		Nº de sesiones	
Contexto de aplicación					

Tabla 3. ¿Qué se va a aprender en el SdA y qué importancia tiene cada aprendizaje?

Competencia/s Específica/s	Criterio/s de evaluación del currículo	Criterio/s de evaluación de la situación de aprendizaje	Indicadores y evidencias	La calificación

Tabla 4. El sistema de evaluación. ¿Cómo se evaluarán y calificarán los aprendizajes?

Evaluación inicial			Evaluación continua-formativa				
Aprendizajes a evaluar	Criterio de referencia	Prueba	Inst. de calificación	Aprendizajes a evaluar	Criterio y/o indicador de referencia	Prueba	Instrumento de calificación	Valor de la evaluación continua con respecto al criterio de referencia

Evaluación final /sumativa

Saberes/aprendizajes	Criterio/s que evalúa	Prueba/producto final	Instrumento de calificación	Valor en la situación de aprendizaje

Tabla 5. La relación entre la SdA y el perfil de salida (PS) de la etapa

Indicadores evaluados	Competencia clave (PS)	Descriptor (PS)

Tabla 6. Saberes básicos y saberes complementarios

Saberes básicos de la SdA	Materia	Bloque

Saberes complementarios de la SdA

Tabla 7. Secuencia didáctica de cada una de las sesiones de trabajo — Sesión nº:

🕐	Saberes/ Aprendizajes	Metodología/Acciones formativas	Agrup.	Espacio	Recursos (Personales y/o materiales)	Crit/Ind (Eval)	Ref. DUA

Tabla 8. Evaluación de la práctica docente y propuestas de mejora

Indicadores	Valoración cualitativa	Propuestas de mejora
La SdA y su relación con el currículo		
La SdA y su capacidad para generar experiencias valiosas, motivadoras y funcionales		
El análisis del contexto (personas tiempo, recursos disponibles) y adaptaciones DUA realizadas.		
El sistema de evaluación (inicial, formativa y sumativa) y de calificación		
Gestión del tiempo		
Metodologías/actividades propuestas		
Coordinación entre docentes		
Clima de aula generado		
Otros		

Miguel Á. Jiménez Rodríguez / José A. Fernández Martín / Antonio Roura Javier

Por si puede ser útil tener de forma sinóptica todos los elementos de la SdA ofrecemos esta plantilla síntesis:

Plantilla síntesis

SdA Nº	Título:	Área/materia:	Curso:	Situación temporal:

Los aprendizajes / Competencias PS / La evaluación

Competencias específicas	Criterio/s de evaluación SdA	Indicadores	Valor en %	Competencias PS		Instrumentos o pruebas de evaluación	Instrumentos de calificación
				Comp.	Desc.		

La secuencia didáctica

🕐	Saberes/ aprendizajes	Metodología/ Acciones formativas	Agrup.	Espacio	Recursos	Crit/Ind (EVAL)	DUA

Ev. actividad docente y propuestas de mejora

5. Ejemplos de situaciones de aprendizaje para el área de Religión

A continuación presentamos dos ejemplos de situaciones de aprendizaje para su aplicación en el área de Religión en la etapa de Educación Secundaria Obligatoria y en Bachillerato respectivamente. Ambas mantienen la estructura presentada en el apartado anterior.

EJEMPLO DE SITUACIÓN DE APRENDIZAJE PARA RELIGIÓN: BRIGADAS DE LA ESPERANZA

Tabla 1: Título de la SdA

BRIGADAS DE LA ESPERANZA
Presentación de la SdA
El Santo Padre ha anunciado que el 2025 será un Año de Jubileo o Año Jubilar, algo que ocurre cada 25 años. El tema de este Jubileo 2025 es "Peregrinos de esperanza", pues será un año de esperanza para todo el mundo, que sufre el flagelo de las guerras, los efectos persistentes de la pandemia de COVID-19 y la crisis del cambio climático. Pero en nuestro entorno cercano seguro que también encontramos situaciones derivadas de la violencia, problemas sociales y ecológicos, etc., que claman por una solución y donde podemos contribuir con nuestras pequeñas acciones a aportar algo de esperanza, a construir un mundo más solidario y fraterno. Por ello, esta situación de aprendizaje plantea un análisis de los problemas y situaciones de injusticia del entorno del alumnado, identificando las posibles soluciones o acciones que podemos llevar a cabo a través del diseño de un proyecto que lleve la esperanza a las personas afectadas y, por qué no, también las implicadas en el empeño de mejorar nuestra sociedad y nuestro mundo. Todo ello, desde el enfoque de la ética y doctrina cristiana, como parte de nuestra opción religiosa.

Tabla 2 Marco curricular y contexto de aplicación

Identificación curricular y ubicación temporal					
Etapa/nivel/curso	Primer Ciclo de Secundaria	Competencia/s especifica/s y criterio/s de evaluación.	2 – 2.1 3 – 3.1 y 3.2	Trimestre/evaluación	Primer trimestre
Área o materia	**Religión**	Competencia/s especifica/s y criterio/s de evaluación de otras áreas/materias.		Periodo aproximado de implementación (semanas)	Semana 4 a la 10 del primer trimestre
Otras áreas/materias vinculadas		Saberes básicos y complementarios		Nº de sesiones	6
Contexto de aplicación					

Esta SdA está destinada al alumnado del Primer Ciclo de Secundaria (el currículo de Religión está organizado por ciclos). La hemos llevado a la práctica en 1º de ESO en un IES que trabaja por la metodología de Aprendizaje Basado en Proyectos, por lo que se incardina perfectamente, fomentando así mismo, las inteligencias múltiples y el desarrollo de las capacidades del alumnado según sus propias características y cualidades. No necesita ninguna adaptación especial porque cualquier persona puede ayudar en la medida que desee o esté capacitado, siempre hay alguna forma de ayudar.

Principalmente se abordan competencias específicas relacionadas con la dimensión social y ciudadana, como condición relacional del ser humano, y su naturaleza social, como la responsabilidad ciudadana que posibilita cooperar plenamente en la vida social y cívica; y la dignidad humana realizada en el desarrollo integral de cada persona y en su proyecto vital, expresado en todo su potencial social de relaciones, vínculos y pertenencias a un proyecto común para la construcción de la casa común, la fraternidad universal, la inclusión de todos y cada uno de los seres humanos en un ámbito de vida y de humanidad plena. Por lo que, casi con toda seguridad, encuadra con los objetivos educativos de cualquier centro para el desarrollo integral de su alumnado.

Además, esta Situación de Aprendizaje contribuye al logro de los Objetivos de Desarrollo Sostenible: 1. Fin de la pobreza, 2. Hambre cero, 10. Reducción de las desigualdades, 15. Vida de ecosistemas terrestres y 16. Paz, justicia e instituciones sólidas.

Tabla 3 ¿Qué se va a aprender en al SdA y qué importancia tiene cada aprendizaje?

Competencia/s Específica/s	Criterio/s de evaluación del currículo	Criterio/s de evaluación de la situación de aprendizaje	Indicadores y evidencias	La calificación
2. Valorar la condición relacional del ser humano, desarrollando destrezas y actitudes sociales orientadas a la justicia y a la mejora de la convivencia teniendo en cuenta el magisterio social de la Iglesia, para aprender a vivir con otros y contribuir a la fraternidad universal y la sostenibilidad del planeta.	2.1. Adquirir habilidades y actitudes de relación con otros, poniendo en práctica estrategias efectivas de reflexión y de comunicación, de ayuda mutua, de participación y de inclusión, orientadas a la mejora de la convivencia en la familia y en la escuela como expresión de la fraternidad universal.	2.1. Adquirir habilidades y actitudes de relación con personas de su entorno cercano, poniendo en práctica estrategias efectivas de reflexión como expresión de la fraternidad universal y de nuestra responsabilidad en la sociedad y la creación.	2.1.1 Adquiere habilidades y actitudes de relación con personas de su entorno cercano, poniendo en práctica estrategias efectivas de reflexión.	10 %
			2.1.2. Concibe y explica las acciones de reflexión como expresión de la fraternidad universal y de nuestra responsabilidad en la sociedad y la creación.	10 %
3. Asumir los desafíos de la humanidad desde una perspectiva inclusiva reconociendo las necesidades individuales y sociales, discerniéndolos con las claves del "Reino de Dios", para implicarse	3.1. Generar actitudes de justicia y solidaridad, respetando la diversidad y tomando conciencia de la responsabilidad compartida y la común pertenencia, en el horizonte del Reino de Dios.	3.1. Generar actitudes como fomento de la justicia y solidaridad, respetando la diversidad que existe en su entorno y tomando conciencia de la responsabilidad compartida y la común pertenencia	3.1.1. Genera actitudes de justicia y solidaridad en su entorno cercano	7 %
			3.1.2. Respeta las diversas personas que conviven en su entorno.	6 %
			3.1.3. Toma conciencia de la responsabilidad compartida	7 %

personal y profesionalmente en la transformación social y el logro del bien común.	3.2. Analizar las necesidades sociales, identificando las situaciones de injusticia, violencia y discriminación, con sus causas, discerniéndolas según el proyecto del Reino de Dios, implicándose en propuestas de transformación social.	a la sociedad y el medioambiente, en el horizonte del Reino de Dios y del cuidado de la casa común. 3.2. Analizar las necesidades sociales, culturales, ecológicas o económicas de su entorno, identificando las situaciones de injusticia, violencia y discriminación, con sus causas, discerniéndolas según el proyecto del Reino de Dios expresado en la doctrina cristiana, implicándose en propuestas y proyectos concretos de transformación social realizados en equipo y elaborando un plan de márquetin para su difusión.	y la común pertenenciaa la sociedad y el medioambiente, en el horizonte del Reino de Dios y del cuidado de la casa común.	
			3.2.1. Analiza las necesidades sociales, culturales, ecológicas o económicas de su entorno.	10 %
			3.2.2. Identifica las situaciones de injusticia, violencia o discriminación con sus posibles o hipotéticas causas	10 %
			3.2.3. Discierne las causas de las situaciones de injusticia, violencia o discriminación según el proyecto del Reino de Dios expresado en la doctrina cristiana que se muestra en la situación de aprendizaje	15 %
			3.2.4. Se implica en la elaboración de propuestas o proyectos concretos y	25 %

originales de transformación social realizados en equipo diseñando un plan de márquetin para su difusión.

Tabla 4 El sistema de evaluación. ¿Cómo se evaluarán y calificarán los aprendizajes?

Evaluación inicial				Evaluación continua-formativa				
Aprendizajes a evaluar	Criterio de referencia	Prueba	Inst. de calificación	Aprendizajes a evaluar	Criterio y/o indicador de referencia	Prueba	Instrumento de calificación	Valor de la evaluación continua con respecto al criterio de referencia
Dinámicas personales y sociales que dificultan o impiden la construcción del bien común, a la luz del Evangelio y de la Tradición cristiana.	3.2.2. Identifica las situaciones de injusticia, violencia o discriminación con sus posibles o hipotéticas causas	Observación Cuaderno de evidencias						

Relaciones fundamentales de la persona: consigo misma, con los demás, con la naturaleza y con Dios.	3.1.1. Genera actitudes de justicia y solidaridad en su entorno cercano	Observación Cuaderno de evidencias	Instrumento de calificación	Valor en la situación de aprendizaje

Evaluación final /sumativa

Saberes/aprendizajes	Criterio/s que evalúa	Prueba/producto final	Instrumento de calificación	Valor en la situación de aprendizaje
– Relaciones fundamentales de la persona: consigo misma, con la naturaleza y con Dios.	2.1.1 Adquiere habilidades y actitudes de relación con personas de su entorno cercano, poniendo en práctica estrategias efectivas de reflexión.	Noticias que muestran un mundo que, para muchos, puede ser decepcionante, donde no se vive en fraternidad ni cuidado de la naturaleza, del otro, incluso de uno mismo... Actividades 1 y 2 sobre la reflexión de estas noticias y búsqueda de otras. Rutina de pensamiento y conclusión.	Escala de valoración (HETEV) (Ver anexo)	10%
– Relaciones fundamentales de la persona: consigo misma, con los demás, con la naturaleza y con Dios.	2.1.2. Concibe y explica las acciones de reflexión como expresión de la fraternidad universal y de nuestra responsabilidad en la sociedad y la creación.	Actividad 4. Identificar situaciones en nuestro entorno. Actividad 5. Rutina pensamiento: pienso, me interesa, investigo. Argumentación del problema a elegir y selección en grupo.		

– Relaciones fundamentales de la persona: consigo misma, con los demás, con la naturaleza y con Dios.	3.1.1. Genera actitudes de justicia y solidaridad en su entorno cercano	Actividad 6 y7. Elaboración del proyecto y su presentación.
– Relaciones fundamentales de la persona: consigo misma, con los demás, con la naturaleza y con Dios. – La propuesta ética y religiosa del Reino de Dios en sociedades plurales.	3.1.2. Respeta las diversas personas que conviven en su entorno.	
– Relaciones fundamentales de la persona: consigo misma, con los demás, con la naturaleza y con Dios. – La propuesta ética y religiosa del Reino de Dios en sociedades plurales.	3.1.3. Toma conciencia de la responsabilidad compartida y la común pertenencia a la sociedad y el medioambiente, en el horizonte del Reino de Dios y del cuidado de la casa común.	
– Dinámicas personales y sociales que dificultan o impiden la construcción del bien común, a la luz del Evangelio y de la Tradición cristiana. – Situaciones cercanas de injusticia y exclusión analizadas críticamente desde el magisterio social de la Iglesia.	3.2.1. Analiza las necesidades sociales, culturales, ecológicas o económicas de su entorno	

			Escala de valoración (HETEV) (Ver anexo) Lista de valoración (Anexo 5.1 – COEV)	45%
– Dinámicas personales y sociales que dificultan o impiden la construcción del bien común, a la luz del Evangelio y de la Tradición cristiana. – Situaciones cercanas de injusticia y exclusión analizadas críticamente desde el magisterio social de la Iglesia.	3.2.2. Identifica las situaciones de injusticia, violencia o discriminación con sus posibles o hipotéticas causas			
– Dinámicas personales y sociales que dificultan o impiden la construcción del bien común, a la luz del Evangelio y de la Tradición cristiana. – Situaciones cercanas de injusticia y exclusión analizadas críticamente desde el magisterio social de la Iglesia.	3.2.3. Discierne las causas de las situaciones de injusticia, violencia o discriminación según el proyecto del Reino de Dios expresado en la doctrina cristiana que se muestra en la situación de aprendizaje			
– Jesucristo y su relación con los grupos sociales y religiosos de la época, y su opción preferencial por las personas más desfavorecidas. – Proyectos sociales, ecológicos y culturales que ayuden a solventar situaciones de injusticia, violencia y discriminación presents en su entorno cercano	3.2.4. Se implica en la elaboración de propuestas o proyectos concretos y originales de transformación social realizados en equipo diseñando un plan de márquetin para su difusión.	Actividad 6, 7 y 8. Elaboración del proyecto, la presentación y su exposición.		
– Plan de marketing y publicidad del proyecto diseñado				

Tabla 5. La relación entre la SdA y el perfil de salida (PS) de la etapa

Indicadores evaluados	Competencia clave (PS)	Descriptor (PS)
2.1.1 Adquiere habilidades y actitudes de relación con personas de su entorno cercano, poniendo en práctica estrategias efectivas de reflexión.	Competencia ciudadana (CC)	CC4. Comprende las relaciones sistémicas de interdependencia, ecodependencia e interconexión entre actuaciones locales y globales, y adopta, de forma consciente y motivada, un estilo de vida sostenible y ecosocialmente responsable
2.1.2. Concibe y explica las acciones de reflexión como expresión de la fraternidad universal y de nuestra responsabilidad en la sociedad y la creación.	Competencia matemática y competencia en ciencia, tecnología e ingeniería (STEM)	STEM5. Emprende acciones fundamentadas científicamente para promover la salud física, mental y social, y preservar el medio ambiente y los seres vivos; y aplica principios de ética y seguridad en la realización de proyectos para transformar su entorno próximo de forma sostenible, valorando su impacto global y practicando el consumo responsable.
3.1.1. Genera actitudes de justicia y solidaridad en su entorno cercano	Competencia ciudadana (CC)	CC4. Comprende las relaciones sistémicas de interdependencia, ecodependencia e interconexión entre actuaciones locales y globales, y adopta, de forma consciente y motivada, un estilo de vida sostenible y ecosocialmente responsable.
3.1.2. Respeta las diversas personas que conviven en su entorno.	Competencia matemática y competencia en ciencia, tecnología e ingeniería (STEM)	STEM5. Emprende acciones fundamentadas científicamente para promover la salud física, mental y social, y preservar el medio ambiente y los seres vivos; y aplica principios de ética y seguridad en la realización de proyectos para transformar su entorno próximo de forma sostenible, valorando su impacto global y practicando el consumo responsable.

3.1.3. Toma conciencia de la responsabilidad compartida y la común pertenenciaa la sociedad y el medioambiente, en el horizonte del Reino de Dios y del cuidado de la casa común.	Competencia ciudadana (CC)	CC4. Comprende las relaciones sistémicas de interdependencia, ecodependencia e interconexión entre actuaciones locales y globales, y adopta, de forma consciente y motivada, un estilo de vida sostenible y ecosocialmente responsable.
3.2.1. Analiza las necesidades sociales, culturales, ecológicas o económicas de su entorno	Competencia emprendedora (CE)	CE1. Analiza necesidades y oportunidades y afronta retos con sentido crítico, haciendo balance de su sostenibilidad, valorando el impacto que puedan suponer en el entorno, para presentar ideas y soluciones innovadoras, éticas y sostenibles, dirigidas a crear valor en el ámbito personal, social, educativo y profesional.
3.2.2. Identifica las situaciones de injusticia, violencia o discriminación con sus posibles o hipotéticas causas	Competencia ciudadana (CC)	CC3. Comprende y analiza problemas éticos fundamentales y de actualidad, considerando críticamente los valores propios y ajenos, y desarrollando juicios propios para afrontar la controversia moral con actitud dialogante, argumentativa, respetuosa y opuesta a cualquier tipo de discriminación o violencia.
3.2.3. Discierne las causas de las situaciones de injusticia, violencia o discriminación según el proyecto del Reino de Dios expresado en la doctrina cristiana que se muestra en la situación de aprendizaje	Competencia ciudadana (CC)	CC3. Comprende y analiza problemas éticos fundamentales y de actualidad, considerando críticamente los valores propios y ajenos, y desarrollando juicios propios para afrontar la controversia moral con actitud dialogante, argumentativa, respetuosa y opuesta a cualquier tipo de discriminación o violencia.
3.2.4. Se implica en la elaboración de propuestas o proyectos concretos y originales de transformación social realizados en equipo diseñando un	Competencia matemática y competencia en ciencia,	STEM3. Plantea y desarrolla proyectos diseñando, fabricando y evaluando diferentes prototipos o modelos para generar o utilizar productos que den solución a una necesidad o problema de forma creativa y en equipo, procurando la participación de todo el grupo, resolviendo

	tecnología e ingeniería (STEM)	
plan de márquetin para su difusión.		pacíficamente los conflictos que puedan surgir, adaptándose ante la incertidumbre y valorando la importancia de la sostenibilidad.
	Competencia en conciencia y expresión culturales (CCEC)	CCEC3: Expresa ideas, opiniones, sentimientos y emociones por medio de producciones culturales y artísticas, integrando su propio cuerpo y desarrollando la autoestima, la creatividad y el sentido del lugar que ocupa en la sociedad, con una actitud empática, abierta y colaborativa

Tabla 6. Saberes básicos y saberes complementarios

Saberes básicos de la SdA	Materia	Bloque
– Relaciones fundamentales de la persona: consigo misma, con los demás, con la naturaleza y con Dios.	Religión	A
– La propuesta ética y religiosa del Reino de Dios en sociedades plurales.		B
– Jesucristo y su relación con los grupos sociales y religiosos de la época, y su opción preferencial por las personas más desfavorecidas.		C
– Dinámicas personales y sociales que dificultan o impiden la construcción del bien común, a la luz del Evangelio y de la Tradición cristiana.		C
– Situaciones cercanas de injusticia y exclusión analizadas críticamente desde el magisterio social de la Iglesia.		C
– Proyectos sociales, ecológicos y culturales que ayuden a solventar situaciones de injusticia, violencia y discriminación presents en su entorno cercano – Plan de marketing y publicidad del proyecto diseñado	Transversal	Otros saberes

Tabla 7. Secuencia didáctica de cada una de las sesiones de trabajo

	Saberes/ Aprendizajes	Metodología/ Acciones formativas	Agrup.	Espacio	Recursos (Personales y/o materiales)	Crit/Ind (Eval)	Ref DUA
						Sesión nº: 1	
30 minutos	– Relaciones fundamentales de la persona: consigo misma, con los demás, con la naturaleza y con Dios.	Metodología: Aprendizaje para Servicio[3] 1. Reflexión sobre noticias de prensa y rutina de pensamiento (sirve de evaluación inicial).	GG IND	Aula	– Anexo 1.1 – Cuaderno de evidencias	2.1.1 3.2.2	1.3 2.2
30 minutos	– Relaciones fundamentales de la persona: consigo misma, con los demás, con la naturaleza y con Dios.	2. Búsqueda de otras noticias de "esperanza". Inventar títulos. (sirve de evaluación inicial)	IND	Aula Aula TIC	– Anexo 1.2 – Papel continuo – cuaderno de evidencias – ordenadores, tablets o dispositivos con conexión	2.1.1	2.2

3 Se trata de un enfoque pedagógico en el que el alumnado aprende a la vez que realizan actividades de acción comunitaria para cubrir cualquier necesidad.

	Saberes/ Aprendizajes	Metodología/ Acciones formativas	Agrup.	Espacio	Recursos (Personales y/o materiales)	Crit/Ind (Eval)	Ref DUA
15 minutos		3. Presentación del producto y de la lista de cotejo para la evaluación.	PG	Aula	– Anexo 1.3 – proyector o pizarra digital		2.2
15 minutos	– Relaciones fundamentales de la persona: consigo misma, con los demás, con la naturaleza y con Dios. – Dinámicas personales y sociales que dificultan o impiden la construcción del bien común, a la luz del Evangelio y de la Tradición cristiana.	4. Identificar situaciones en nuestro entorno e redactar un titular (sirve de evaluación final/sumativa).	PG	Aula	– Anexo 1.4 – Cuaderno de evidencias	3.1.1 3.2.1 3.2.2	

Tabla 7. Secuencia didáctica de cada una de las sesiones de trabajo

Sesión n°: 2, 3 y 4

🕐	Saberes/ Aprendizajes	Metodología/ Acciones formativas	Agrup.	Espacio	Recursos (Personales y/o materiales)	Crit/Ind (Eval)	Ref DUA
25 minutos	– Relaciones fundamentales de la persona: consigo misma, con los demás, con la naturaleza y con Dios.	1. Rutina pensamiento. Argumentación del problema a elegir y selección en grupo.	IND PG	Aula	– Anexo 2.1 – Cuaderno de evidencias	2.1.2 3.1.1 3.2.1 3.2.2	3.1

110 minutos	– Dinámicas personales y sociales que dificultan o impiden la construcción del bien común, a la luz del Evangelio y de la Tradición cristiana.					
	– Relaciones fundamentales de la persona: consigo misma, con los demás, con la naturaleza y con Dios. – Proyectos sociales, ecológicos y culturales que ayuden a solventar situaciones de injusticia, violencia y discriminación presents en su entorno cercano.	Aprendizaje por tareas[4] y aprendizaje cooperativo[5]. 2. Confeccionar la introducción/presentación: Recopilar información, argumentos cristianos, redactar la introducción/presentación. (sirve de evaluación final/sumativa)	IND PG	Aula o Aula TIC	– Anexo 2.2 – Ordenadores, tablets o dispositivos con conexión – Cuaderno de evidencias	2.1.2 2.3 3.1.1 3.1 3.1.2 3.2 3.1.3 3.2.1 3.2.2 3.2.3

---

4 El *aprendizaje* basado en *tareas* consiste en la selección de *tareas* orientadas a la resolución de un problema real.

5 Se trata de una metodología activa que pone el acento en la interdependencia positiva en grupos heterogéneos que facilita un aprendizaje dinámico y atractivo. Puede ampliar información en: https://www.religionyescuela.com/opinion/blogs/metodologias-activas-en-el-area-de-religion-aprendizaje-cooperativo (Recuperado: 07/02/2025).

| 90 minutos | 3. Elaborar la descripción del proyecto, establecer objetivos, definir la metodología, calendario o fases. Definir un plan de márketing y establecer los criterios de evaluación del propio proyecto. (sirve de evaluación final/sumativa) | – Dinámicas personales y sociales que dificultan o impiden la construcción del bien común, a la luz del Evangelio y de la Tradición cristiana.
– Proyectos sociales, ecológicos y culturales que ayuden a solventar | PG | Aula o Aula TIC | – Anexo 3.1
– Ordenadores, tablets o dispositivos con conexión
– Cuaderno de evidencias | 3.2.1
3.2.2
3.2.3
3.2.4 | 1.2
2.2
3.1
3.2 |
| | | – Jesucristo y su relación con los grupos sociales y religiosos de la época, y su opción preferencial por las personas más desfavorecidas.
– Dinámicas personales y sociales que dificultan o impiden la construcción del bien común, a la luz del Evangelio y de la Tradición cristiana.
– Situaciones cercanas de injusticia y exclusión analizadas críticamente desde el magisterio social de la Iglesia. | | | | | |

45 minutos	Contenidos	Actividad	Agrupamiento	Espacio	Materiales		
	situaciones de injusticia, violencia y discriminación presents en su entorno cercano. – Plan de marketing y publicidad del proyecto diseñado.						1.2
	– Situaciones cercanas de injusticia y exclusión analizadas críticamente desde el magisterio social de la Iglesia. – Proyectos sociales, ecológicos y culturales que ayuden a solventar situaciones de injusticia, violencia y discriminación presents en su entorno cercano. – Plan de marketing y publicidad del proyecto diseñado.	4. Elaboración de la presentación del proyecto. (sirve de evaluación final/sumativa)	PG GG	Aula Aula TIC	– Anexo 4.1 – Ordenadores, tablets o dispositivos con conexión – Proyector o pizarra digital – Cartulinas – Pegamentos – Tijeras	3.2.1 3.2.2 3.2.3 3.2.4	

104   Miguel Á. Jiménez Rodríguez / José A. Fernández Martín / Antonio Roura Javier

Tabla 7. Secuencia didáctica de cada una de las sesiones de trabajo

Sesión nº: 5

⏱	Saberes/ Aprendizajes	Metodología/ Acciones formativas	Agrup.	Espacio	Recursos (Personales y/o materiales)	Crit/Ind (Eval)	Ref DUA
90 minutos	– Proyectos sociales, ecológicos y culturales que ayuden a solventar situaciones de injusticia, violencia y discriminación presentes en su entorno cercano	1. Presentación o exposición del proyecto por cada grupo. Autoevaluación del grupo y coevaluación (sirve para la evaluación final/sumativa)	PG GG	Aula o Salón de actos (presentación)	– Anexo 5.1 – Cuaderno de evidencias. – Ordenadores, tablets o dispositivos con conexión – Proyector o pizarra digital	3.2.3 3.2.4	2.2

Tabla 7. Secuencia didáctica de cada una de las sesiones de trabajo

Sesión n°: 6

🕐	Saberes/Aprendizajes	Metodología/Acciones formativas	Agrup.	Espacio	Recursos (Personales y/o materiales)	Crit/Ind (Eval)	Ref DUA
25 minutos	– Relaciones fundamentales de la persona: consigo misma, con los demás, con la naturaleza y con Dios. – Proyectos sociales, ecológicos y culturales que ayuden a solventar situaciones de injusticia, violencia y discriminación presentes en su entorno cercano	1. Preguntas de metacognición y autoevaluación (AUT)	IND	Aula	– Anexo 6.1 – Cuaderno de evidencias	2.1.1 3.2.4	2.3 3.3
45 minutos		2. Realizar una conclusión.	IND PG	Aula	– Anexo 6.2 – Cuaderno de evidencias		2.2
20 minutos	Plan de marketing y publicidad del proyecto diseñado.	Debate. 3. ¿Puesta en práctica y publicidad?	GG	Aula	– Anexo 6.3 – Cuaderno de evidencias		

Tabla 8. Evaluación de la práctica docente y propuestas de mejora

Indicadores	Valoración cualitativa	Propuestas de mejora
La SdA y su relación con el currículo	Todos los elementos curriculares planteados en la concreción curricular se asocian y dan sentido a distintas actividades que componen la SdA.	Mantener esta buena relación en posteriores SdA y, si es posible, reducir los elementos curriculares para facilitar su evaluación y el grado de consecución de cada alumno.
La SdA y su capacidad para generar experiencias valiosas, motivadoras y funcionales	Partir de la realidad religiosa de su entorno cercano, sus intereses o elementos que se localizan en su propio contexto facilita la motivación y la consecución del producto final planteado.	Motivar siempre desde esta realidad religiosa de su experiencia y, si la madurez del alumnado lo permite, dar opciones para elegir el producto final o que sean ellos mismos quienes lo propongan.
El análisis del contexto (personas tiempo, recursos disponibles) y adaptaciones DUA realizadas.	Hay alumnos que fácilmente se dispersan y se entretienen, provocando que no aproveche el tiempo o necesitando más margen de tiempo para finalizar su trabajo.	Ofrecer posibilidades de trabajar en parejas (tutoría entre iguales) las actividades propuestas para realizarlas individualmente. Dar posibilidad al docente que aplique esta SdA para reducir o eliminar algunas de las actividades para disponer de más tiempo para elaborar el producto final.
El sistema de evaluación (inicial, formativa y sumativa) y de calificación	La evaluación inicial está inherente en las primeras actividades que corresponderían a la fase de movilizar conocimientos previos, motivar y activar los aprendizajes adquiridos. Se tienen en cuenta para la evaluación final la propia autoevaluación del alumnado y la coevaluación, lo que enriquece la evaluación de la SdA al utilizar otros instrumentos y no únicamente la calificación realizada por el docente.	No todo lo que sirve para evaluar debe ser calificado de forma numérica. Al final, debe ser una evaluación sumativa de todo el proceso, no sólo del resultado final.

Gestión del tiempo	En algunas clases he tenido que reducir el número de actividades o simplificarlas por falta de tiempo.	Reducir el número de actividades o su complejidad si la madurez del alumnado lo exige.
Metodologías/ actividades propuestas	La mayor parte de las actividades siguen una metodología competencial. Sólo se ha especificado la metodología en alguna occasion concreta o más específica. Se ha utilizado diversidad de metodologías fomentando una cultura del pensamiento.	Mantener la diversidad en metodologías, metacognición y retinas y destrezas de pensamiento fomentando la cultura del desarrollo del pensamiento.
Coordinación entre docentes	No hubo al ser el único professor que imparte clases de Religión en dichos niveles.	Cuantas más personas se impliquen en el diseño y aplicación de la SdA provocará un mejor resultado y aprovechamiento didáctico.
Clima de aula generado	El ambiente de trabajo ha mejorado al incorporar actividades en parejas y equipos cooperatives, además de plantear un reto o elaboración de un producto final. Las actividades tenían "un sentido", lo que también favoreció la actitud frente al trabajo y a la adquisición de aprendizajes.	Plantear retos o productos finales más cercanos a los intereses del propio alumnado. Mantener el trabajo por parejas y equipos cooperatives en futuros SdA.
Otros	Exponer su trabajo al resto del alumnado ha mejorado la motivación, a la vez que su implicación en la evaluación al calificar a otros grupos.	No debe faltar la exposición del producto realizado en las SdA y, si es posible, mostrarlo también a las familias o implicarlos en su elaboración.

Se incorpora una mayor concreción de las actividades de aprendizaje, lista de valoración y escala de valoración a modo de anexos en la versión digital.

Anexo: "Brigadas de la esperanza"

ANEXO 1.1

Una mirada a cualquier medio de información, noticias, periódico, etc., nos muestra un mundo que, para muchos, puede ser decepcionante, donde no se vive en fraternidad ni cuidado de la naturaleza, del otro, incluso de uno mismo... Por ejemplo (el/la docente aportará algunos ejemplos de noticias de prensa local):

Reflexionamos sobre las noticias:

- Asamblea:¿Qué tienen en común estas noticias? ¿En qué se diferencian?

- Posibles rutinas de pensamiento: compara y contrasta[6], causa-efecto[7]...

- ¿Cómo clasificaríamos las noticas? Posible clasificación: ecológico, económico, social, cultural. El docente es libre de plasmar los campos de la clasificación en la pizarra.

---

6   Una destreza de pensamiento para comparar y contrastar conceptos de forma reflexiva y eficiente. Dispone de más información en URL: https://www.religionyescuela.com/opinion/blogs/rutina-de-pensamiento-compara-y-contrasta (Recuperado: 06/02/2025)

7   Rutina de pensamiento que sirve para analizar y representar los elementos y las causas de un problema en mayor profundidad. Dispone de más información en URL: https://designthinking.es/diagrama-ishikawa-causa-y-efecto (Recuperado: 06/02/2025)

ANEXO 1.2

Buscamos noticas que muestren que el mundo está necesitado de "esperanza":

- Podemos solicitar que el alumnado busque otros titulares, noticias, etc. (prensa en papel o digital usando ordenadores, si es posible) y complete esta clasificación. ¿Hacemos varias columnas en un papel continuo y las pegamos según la categoría correspondiente? También se pueden pintar las columnas en la pizarra y colocar la categoría como encabezados.

- ¿Qué título le pondríais? Lluvia de ideas y puesta en común o debate.

- Asamblea: ¿A qué conclusión llegáis? ¿Necesitamos que algo cambie?

- ¿Por qué habéis elegido ese título? ¿Qué mensaje queréis dar? Se escribe en letras grandes o lettering y cada grupo presenta su título y lo argumenta.

ANEXO 1.3

Presentación del producto.

El papa Francisco también ha visto necesario lanzar un mensaje:

CARTA DEL SANTO PADRE FRANCISCO A S.E. MONS. RINO FISICHELLA PARA EL JUBILEO 2025

Al querido hermano Monseñor Rino Fisichella

Presidente del Pontificio Consejo para la Promoción de la Nueva Evangelización

El Jubileo ha sido siempre un acontecimiento de gran importancia espiritual, eclesial y social en la vida de la Iglesia. Desde que Bonifacio VIII instituyó el primer Año Santo en 1300 —con cadencia de cien años, que después pasó a ser según el modelo bíblico, de cincuenta años y ulteriormente fijado en veinticinco—, el pueblo fiel de Dios ha vivido esta celebración como un don especial de gracia, caracterizado por el perdón de los pecados y, en particular, por la indulgencia, expresión plena de la misericordia de Dios. Los fieles, generalmente al final de una larga peregrinación, acceden al tesoro espiritual de la Iglesia atravesando la Puerta Santa y venerando las reliquias de los Apóstoles Pedro y Pablo conservadas en las basílicas romanas. Millones y millones de peregrinos han acudido a estos lugares santos a lo largo de los siglos, dando testimonio vivo de su fe perdurable.

El Gran Jubileo del año 2000 introdujo la Iglesia en el tercer milenio de su historia. San Juan Pablo II lo había esperado y deseado tanto, con la esperanza de que todos los cristianos, superadas sus divisiones históricas, pudieran celebrar juntos los dos mil años del nacimiento de Jesucristo, Salvador de la humanidad. Ahora que nos acercamos a los primeros veinticinco años del siglo XXI, estamos llamados a poner en marcha una preparación que permita al pueblo cristiano vivir el Año Santo en todo su significado pastoral. En este sentido una etapa importante ha sido el Jubileo Extraordinario de la Misericordia, que nos ha permitido redescubrir toda la fuerza y la ternura del amor misericordioso del Padre, para que a su vez podamos ser sus testigos.

Sin embargo, en los dos últimos años no ha habido país que no haya sido afectado por la inesperada epidemia que, además de hacernos ver el drama de morir en soledad, la incertidumbre y la fugacidad de la existencia, ha cambiado también nuestro estilo de vida. Como cristianos, hemos pasado juntos con nuestros hermanos y hermanas los mismos sufrimientos y limitaciones. Nuestras iglesias han sido cerradas, así como las escuelas, fábricas, oficinas, tiendas y espacios recreativos. Todos hemos visto limitadas algunas libertades y la pandemia, además del dolor, ha despertado a veces la duda, el miedo y el desconcierto en nuestras almas. Los hombres y mujeres de ciencia, con gran rapidez, han encontrado un primer remedio que permite poco a poco volver a la vida cotidiana. Confiamos plenamente en que la epidemia pueda ser superada y el mundo recupere sus ritmos de relaciones personales y de vida social. Esto será más fácil de alcanzar en la medida en que se actúe de forma solidaria, para que las poblaciones más desfavorecidas no queden desatendidas, sino que se pueda compartir con todos los descubrimientos de la ciencia y los medicamentos necesarios.

Debemos mantener encendida la llama de la esperanza que nos ha sido dada, y hacer todo lo posible para que cada uno recupere la fuerza y la certeza de mirar al futuro con mente abierta, corazón confiado y amplitud de miras. El próximo Jubileo puede ayudar mucho a restablecer un clima de esperanza y confianza, como signo de un nuevo renacimiento que todos percibimos como urgente. Por esa razón elegí el lema Peregrinos de la Esperanza. Todo esto será posible si somos capaces de recuperar el sentido de la fraternidad universal, si no cerramos los ojos ante la tragedia de la pobreza galopante que impide a millones de hombres, mujeres, jóvenes y niños vivir de manera humanamente digna. Pienso especialmente en los numerosos refugiados que se ven obligados a abandonar sus tierras. Ojalá que las voces de los pobres sean escuchadas en este tiempo de preparación al Jubileo que, según el mandato bíblico, devuelve a cada uno el acceso a los frutos de la tierra: «podrán comer todo lo que la tierra produzca durante su descanso, tú, tu esclavo, tu esclava y tu jornalero, así como el huésped que resida contigo; y también el ganado y los animales que estén en la tierra, podrán comer todos sus productos» (Lv 25,6-7).

Por lo tanto, la dimensión espiritual del Jubileo, que nos invita a la conversión, debe unirse a estos aspectos fundamentales de la vida social, para formar un conjunto coherente. Sintiéndonos todos peregrinos en la tierra en la que el Señor nos ha puesto para que la cultivemos y la cuidemos (cf. Gn 2,15), no descuidemos, a lo largo del camino, la contemplación de la belleza de la creación y el cuidado de nuestra casa común. Espero que el próximo Año Jubilar se celebre y se viva también con esta intención. De hecho, un número cada vez mayor de personas, incluidos muchos jóvenes y adolescentes, reconocen que el cuidado de la creación es expresión esencial de la fe en Dios y de la obediencia a su voluntad.

Le confío a Usted, querido hermano, la responsabilidad de encontrar las maneras apropiadas para que el Año Santo se prepare y se celebre con fe intensa, esperanza viva y caridad operante. El Dicasterio que promueve la nueva evangelización sabrá hacer de este momento de gracia una etapa significativa para la pastoral de las Iglesias particulares, tanto latinas como orientales, que en estos años están llamadas a intensificar su compromiso sinodal. En esta perspectiva, la peregrinación hacia el Jubileo podrá fortificar y manifestar el camino común que la Iglesia está llamada a recorrer para ser cada vez más claramente signo e instrumento de unidad en la armonía de la diversidad. Será importante ayudar a redescubrir las exigencias de la llamada universal a la participación responsable, con la valorización de los carismas y ministerios que el Espíritu Santo no cesa de conceder para la edificación de la única Iglesia. Las cuatro Constituciones del Concilio Ecuménico Vaticano II, junto con el Magisterio de estos decenios, seguirán orientando y guiando al santo pueblo de Dios, para que progrese en la misión de llevar el gozoso anuncio del Evangelio a todos.

Según la costumbre, la Bula de convocación, que será publicada en su momento, contendrá las indicaciones necesarias para la celebración del Jubileo de 2025. En este tiempo de preparación, me alegra pensar que el año 2024, que precede al acontecimiento del Jubileo, pueda dedicarse a una gran "sinfonía" de oración; ante todo, para recuperar el deseo de estar en la presencia del Señor, de escucharlo y adorarlo. Oración, para agradecer a Dios los múltiples dones de su amor por nosotros y alabar su obra en la creación, que nos compromete a respetarla y a actuar de forma concreta y responsable para salvaguardarla. Oración como voz "de un solo corazón y una sola alma" (cf. Hch 4,32) que se traduce en ser solidarios y en compartir el pan de cada día. Oración que permite a cada hombre y mujer de este mundo dirigirse al único Dios, para expresarle lo que tienen en el secreto del corazón. Oración como vía maestra hacia la santidad, que nos lleva a vivir la contemplación en la acción. En definitiva, un año intenso de oración, en el que los corazones se puedan abrir para recibir la abundancia de la gracia, haciendo del "Padre Nuestro", la oración que Jesús nos enseñó, el programa de vida de cada uno de sus discípulos.

Pido a la Virgen María que acompañe a la Iglesia en el camino de preparación al acontecimiento de gracia del Jubileo, y con gratitud le envío cordialmente, a Usted y a sus colaboradores, mi Bendición.

Roma, Basílica de San Juan de Letrán, 11 de febrero de 2022, Memoria de la Bienaventurada Virgen María de Lourdes.

FRANCISCO

URL: https://www.iubilaeum2025.va/es/giubileo-2025/lettera-di-papa-francesco.html (Recuperado: 06/02/2025)

Tal y como pide el santo padre, no es cuestión sólo de rezar, sino también de actuar. Éste es el objetivo de la Situación de Aprendizaje: **diseñar proyectos** que aporten nuestro granito de arena en solucionar problemas parecidos a los anteriores y contribuya a mantener encendida la llama de la esperanza como parte de nuestra responsabilidad como cristianos y ciudadanos del mundo.

Como ayuda y orientación del trabajo del alumnado, sería conveniente presentar también la escala de valoración o rúbrica en la que basaremos la evaluación para que el alumnado la conozca desde el principio de la SdA.

Escala de valoración del proyecto

Califica del 1 al 4, siendo el 1 el menos valorado y el 4 como el máximo según esta rúbrica:

Puntuación	1	2	3	4	Total
Importancia de la problemática elegida	El tema elegido no es una problemática relevante o del entorno. Carece de interés.	La problemática elegida tiene poca importancia o no es del entorno cercano.	La problemática elegida es importante pero no es del entorno cercano.	La problemática elegida es importante y pertenece al entorno cercano.	
Contiene una introducción	El proyecto y su presentación ofrece una introducción muy poco clara y no da una idea concreta sobre en qué consiste el proyecto.	El proyecto y su presentación ofrecen una introducción poco clara aunque da una idea sobre en qué consiste el proyecto. No está basada en la rutina de pensamiento trabajada.	El proyecto y su presentación ofrecen una introducción clara pero define en qué consiste el proyecto. No está basada en la rutina de pensamiento trabajada.	El proyecto y su presentación ofrecen una introducción clara y define correctamente en qué consiste el proyecto. Sí está basada en la rutina de pensamiento trabajada.	
Fundamentación y argumentación	El proyecto y su presentación incluyen muy pocos datos que avalan su necesidad y muy pocos fundamentos de la doctrina social de la Iglesia.	El proyecto y su presentación incluyen algunos datos que avalan su necesidad y algunos fundamentos de la doctrina social de la Iglesia.	El proyecto y su presentación incluyen suficientes datos que avalan su necesidad y suficientes fundamentos de la doctrina social de la Iglesia.	El proyecto y su presentación incluyen los datos precisos que avalan su necesidad y muy buena fundamentación en la doctrina social de la Iglesia.	

Miguel Á. Jiménez Rodríguez / José A. Fernández Martín / Antonio Roura Javier

Contenido	El proyecto y su presentación no incorpora la mayoría de sus elementos y la información no está estructurada.	El proyecto y su presentación incorpora alguno de sus elementos y la información está poco estructurada.	El proyecto y su presentación incorpora todos sus elementos y casi toda la información está bien estructurada.	El proyecto y su presentación incorpora todos sus elementos y toda la información está bien estructurada.	
Exposición	No hay orden en las ideas que se exponen. Evidencian inseguridad sin poder articular ideas coherentes.	Desarrollan solo las ideas principales. Titubean y hacen desarrollos del proyecto que son innecesarios.	Exponen una introducción adecuada pero abordan el resto de pasos de forma desordenada.	Realizan una introducción motivadora. Exponen de manera secuencial y jerárquica el resto de pasos. Expresan sus ideas con seguridad y fluidez.	
Posibilidad real de su ejecución	El proyecto es inabarcable.	El proyecto tiene muchas dificultades para llevarse a cabo.	Es fácil poner en práctica el proyecto pero no es muy atractivo para implicar a otras personas.	Es fácil poner en práctica el proyecto y es atractivo para que participen otras personas.	
Contribuye a solucionar el problema	El proyecto no soluciona nada del problema.	El proyecto puede solucionar una pequeña parte del problema.	El proyecto soluciona bastante el problema.	El proyecto soluciona el problema en una gran medida o totalmente.	

ANEXO 1.4

A nuestro alrededor...

Seguro que en nuestro alrededor encontramos situaciones parecidas a las anteriores. Buscamos o pensamos en ejemplos, qué ocurre, a quiénes, dónde... Lo redactamos a modo de titular (el alumnado puede elegir el estilo para expresarlo y comunicarlo) y lo pegamos en su columna correspondiente en el papel continuo.

ANEXO 2.1

Lo que más me preocupa...

Rutina pensamiento sobre la que más le preocupa de todas las situaciones anteriores: pienso, me interesa, investigo.[8]

En grupos de 4, cada miembro argumenta por qué deberían abordar la situación que él ha elegido como las más urgente o necesaria basándose en lo trabajado en la rutina de pensamiento anterior. Se elige una de ellas para realizar un proyecto que contribuya a solucionar dicha situación.

ANEXO 2.2

Para elaborar nuestro proyecto debemos conocer bien el problema, cómo actúan los cristianos ante ese problema y buscar soluciones. Seguiremos los siguientes pasos[9]

---

[8] Una rutina que ayuda a los alumnos a relacionar el tema con su conocimiento previo, estimula su curiosidad y sienta las bases para la investigación autónoma. Puedes ampliar información y su estructura en URL: https://www.religionyescuela.com/opinion/blogs/rutina-de-pensamiento-pienso-me-pregunto-investigo (Recuperado: 06/02/2025)

[9] Te ofrecemos esta ficha como ayuda, la cual, puedes aplicar en el aula para trabajar los distintos pasos en el diseño del proyecto: https://www.canva.com/

Confeccionar la introducción/presentación:

- Recopilar o ampliar la información del problema: qué ocurre, a quiénes, dónde, cuándo, cómo, por qué. Puede resultar de ayuda utilizar un organizador gráfico.[10] (20 minutos)

- Investigar las razones o argumentos de un cristiano (en la doctrina social de la Iglesia, Youcat, textos bíblicos, etc. que te facilitará tu profesor-a de Religión según el problema o situación elegida por el grupo). A continuación encontrarás una serie de textos o referencias que pueden servirte de guía o ayuda. Anota las palabras que no entiendas para buscar su significado. (45 minutos)

En las siguientes referencias dispones de textos que servirán para identificar la doctrina cristiana sobre distintos ámbitos. Puedes emplear aquellos que consideres más adecuados para tu alumnado. Al final, también incluimos un documento, a modo de resumen, de los principios fundamentales en la Doctrina Social de la Iglesia.

Compendio de la Doctrina Social de la Iglesia:

https://www.vatican.va/roman_curia/pontifical_councils/justpeace/documents/rc_pc_justpeace_doc_20060526_compendio-dott-soc_sp.html

Encíclicas sociales: La mirada católica sobre los problemas sociales del mundo (URL: https://laudatosimovement.org/es/news/enciclicas-sociales-la-mirada-catolica-sobre-los-problemas-sociales-del-mundo)

RerumNovarum (De las nuevas cosas), León XII, 1891

Considerada como el inicio de la Doctrina Social Católica, esta encíclica aborda las injusticias y desigualdades de la Revolución Industrial, señalando las soluciones defectuosas del socialismo y la lucha de clases. El Papa León XIII

---

design/DAGFG-dHKt8/luuifgJUV64BtrbD93_NnA/view?utm_content=DAGFG-dHKt8&utm_campaign=designshare&utm_medium=link&utm_source=editor (Recuperado: 06/02/2025)

10   Un ejemplo de organizador gráfico que puede serte de utilidad es https://www.curriculumnacional.cl/614/articles-28246_thumbnail.thumb_iNormal.jpg (Recuperado: 06/02/2025)

defiende los derechos de los trabajadores afirmando la dignidad del trabajo, el derecho a la propiedad privada y a formar asociaciones profesionales.

Quadragesimo Anno (El año cuadragésimo), Pío XI, 1931

Escrita en el 40° aniversario de la Rerum Novarum, esta encíclica analiza los fallos del socialismo y del liberalismo económico. La Iglesia está llamada a pronunciarse sobre las cuestiones sociales. El Papa Pío XI pide que se restablezca el orden social, basado en el principio de subsidiariedad, tras la creciente concentración de riqueza y poder en parte del mundo.

Mater et Magistra (Madre y Maestra), Juan XXIII, 1961

La encíclica afirma que la Iglesia es maestra y guardiana de los pobres y oprimidos. El Papa Juan XXIII hace un llamamiento para que las personas vivan como una sola comunidad y trabajen por el bien común. La encíclica presta especial atención a la situación de los agricultores en las economías agrícolas en crisis.

Pacem in Terris (Paz en la tierra), Juan XXIII, 1963 El Papa Juan XXIII examina las relaciones a distintos niveles: entre individuos, comunidades y naciones. La encíclica afirma la necesidad de salvaguardar los derechos humanos y subraya cómo la paz se basa en la confianza mutua, alcanzada sólo a través de la unidad de los asuntos humanos y fundamentada en el respeto mutuo y la ley de Dios.

Populorum Progressio (Sobre el desarrollo de los pueblos), Pablo VI, 1967

Esta encíclica presta atención a la creciente marginación de los pobres. El Papa Pablo VI explora los elementos esenciales del desarrollo humano integral y las condiciones necesarias para el crecimiento de la solidaridad entre todos los pueblos.

Laborem Exercens (Sobre el trabajo humano), Juan Pablo II, 1981

El Papa Juan Pablo II hace un llamamiento a los fieles para que se impliquen en la transformación de los sistemas socioeconómicos. La encíclica subraya la importancia del trabajo como fundamento de la existencia humana, donde el significado del trabajo solo puede entenderse cuando se enfatiza la dignidad del mismo.

Sollicitudo Rei Socialis (La preocupación de la Iglesia por el orden social), Juan Pablo II, 1987

Continuando con el tema del desarrollo de la Populorum Progressio, el Papa Juan Pablo II examina el estado del desarrollo mundial en los últimos veinte años. En esta encíclica, el Papa Juan Pablo II plantea la importancia de considerar la naturaleza moral del desarrollo, la plenitud del ser.

Centesimus Annus (Centenario), Juan Pablo II, 1991

Escrita en el centenario de la Rerum Novarum. Esta encíclica ofrece una crítica a los sistemas económicos actuales, señalando que en algunos sistemas no se puede satisfacer la necesidad humana colectiva a través de sus mecanismos. El Papa Juan Pablo II pide a las naciones que inviertan en el bien común de la humanidad.

Evangelium Vitae (El Evangelio de la Vida), Juan Pablo II, 1995

Arraiga la Encarnación como expresión del amor de Dios, favoreciendo a los más pobres y necesitados. La encíclica se enfrenta a los desafíos del relativismo y de la cultura de la muerte, propiciada por la aceptación del aborto. El Papa Juan Pablo II hace un llamamiento a la evangelización, como motivación para informar las conciencias y transformar la cultura.

Deus Caritas Est (Dios es amor), Benedicto XVI, 2005

Entendiendo el amor de Dios por la humanidad, el mandamiento del amor llama a un compromiso renovado como respuesta a ese amor. Esta encíclica articula la actividad caritativa de la Iglesia como expresión del amor de Dios. La caridad debe basarse en el encuentro personal con Cristo, que despierta el sentido del amor al prójimo.

Caritas in Veritate (Caridad en la Verdad), Benedicto XVI, 2009

El Papa Benedicto XVI profundiza en la doctrina social de la Iglesia, fundamentándola en el amor y la verdad. La justicia está vinculada a la caridad y los fieles están llamados a practicar la justicia para el bien común. La construcción de un futuro de paz, justicia y amor depende de los valores fundamentales de la justicia y la caridad.

Principios de la doctrina social de la Iglesia

Esta preocupación de la Iglesia se concreta en valores que sirven de base para la actuación social. Todos ellos tienen base evangélica y están de acuerdo con la naturaleza humana, que la Iglesia asume y defiende, buscando conducirla a la plenitud a través de la Redención obrada por Cristo. Estos valores son:

1. *La dignidad de la persona humana: la vida humana es sagrada y su dignidad inviolable, independientemente de la edad, el estado de salud, la riqueza o la condición social. Cada persona tiene derecho a la vida desde su concepción hasta la muerte natural. Además, una vida digna conlleva paz, frecuentemente amenazada por la guerra y la violencia.*

2. *Familia y comunidad: el hombre es un ser social y tiene derecho a crecer en comunidad. El matrimonio y la familia son la base de la sociedad (ya en los comienzos de la Iglesia la familia era considerada "iglesia doméstica", término que se recuperó en el Concilio Vaticano II y que san Juan Pablo II extendió). Todas las personas tienen derecho a participar en la sociedad.*

3. *Derechos y deberes: todas las personas tienen derechos que hacer valer y deberes que cumplir, tanto a nivel individual como familiar y social. En particular de los trabajadores: la economía está al servicio de las personas, no al revés. Los trabajadores tienen derecho a un trabajo digno, seguro y bien remunerado.*

4. *Opción preferencial por los pobres y vulnerables: Jesús nos enseñó que los más vulnerables en una sociedad tienen un lugar privilegiado en su Reino. Es un deber de justicia ayudar a todos a luchar contra la pobreza y las situaciones de riesgo, algo que el Papa Francisco ha recalcado desde el inicio de su pontificado.*

5. *Bien Común: es "el conjunto de condiciones de la vida social que hacen posible a las asociaciones y a cada uno de sus miembros el logro más pleno y más fácil de la propia perfección" (GS 26)*

6. *Solidaridad: la Iglesia promueve la paz y la justicia por encima de diferencias de raza, nación, religión, etc. Hay una sola familia humana que todos somos responsables de cuidar.*

7. *Subsidiariedad: el Estado debe permitir "a las asociaciones inferiores (resolver) aquellos asuntos y cuidados de menor importancia, en los cuales, por lo demás perdería mucho tiempo, con lo cual logrará realizar más libre, más firme y más eficazmente todo aquello que es de su exclusiva competencia" (QA 80).*

8. *Cuidado de la creación: Dios puso al hombre al frente de las realidades terrenas para dominarlas y cuidarlas, manifestando en el respeto a otras criaturas el respeto debido al Creador. La crisis medioambiental tiene dimensiones morales.*

Diez principios fundacionales en la Doctrina Social de la Iglesia: https:// via.library.depaul.edu/cgi/viewcontent.cgi?referer=&httpsredir=1&article=2502&context=vincentiana (Recuperado: 06/02/2025)

· Redactar una propuesta para la introducción o presentación de nuestro proyecto en un documento digital o cuaderno. Como ayuda, proponemos tener en cuenta una serie de preguntas "estrella": ¿Por qué? ¿Qué sería diferente si...? ¿Cuáles son los motivos o razones...? Supón que... ¿Y si...? ¿Cuál es el propósito, objetivo o función de...? ¿Qué pasaría si pudiéramos...?.[11] (25 minutos)

· Puesta en común en el grupo de 4 personas de las introducciones o presentaciones individuales (si se realizaron así a criterio del docente) y redacción definitiva entre todos. (20 minutos)

ANEXO 3.1

Elaborar la descripción del proyecto incluyendo datos que lo avalan y la fundamentación con los argumentos cristianos para animar a colaborar o participar en el proyecto, a modo de conclusión (en parejas o en pequeños grupos si las características del alumnado lo exige o se estima como más adecuado). Con ello, ganarán una insignia como prueba de su trabajo o actitud.[12] Se podría añadir las ventajas e inconvenientes que puede tener la aplicación del proyecto como previsión o evaluación inicial del mismo. (25 minutos)

Establecer los objetivos del proyecto, esto es, qué pretendemos. (10 minutos)

Definir la metodología del proyecto, es decir, cómo se va a llevar a cabo. (10 minutos)

Sería bueno delimitar las fases o calendario del proyecto. Responde al cuándo se pone en práctica y en qué momento nos encontraríamos en cada caso. Se trataría de una especie de evaluación continua o procesual en caso de su puesta en práctica. (10 minutos)

---

11   Un ejemplo con las instrucciones de la rutina de pensamiento de preguntas estrella es: https://rutinasymetodologia.blogspot.com/2015/11/preguntas-estrella.html (Recuperado: 06/02/2025)

12   Dispones de ejemplos de insignias en URL: https://profesoradoreligion.blogspot.com/p/reliheroes-insignias.html (Recuperado: 06/02/2025)

Pensar en los recursos que necesitaríamos y añadir la referencia en nuestro proyecto. (10 minutos)

Diseñar un plan de difusión o plan de divulgación del proyecto: folletos, trípticos, carteles, redes sociales, videos o audios publicitarios, etc. Cada grupo elige libremente (no es obligatorio elaborarlo). (15 minutos)

Establecer los criterios en los que vamos a evaluar nuestro proyecto: resultados, experiencia vivida, feedback de otras personas, etc. Mejor concretos y simples que muchos y complejos. (10 minutos)

ANEXO 4.1

Realizamos una exposición del proyecto donde se incluyan los pasos anteriores. Podemos presentarlo con un mural, visual thinking, lapbook, presentación digital, video, otras que elija el grupo..., las posibilidades son múltiples. (45 minutos)

ANEXO 5.1

Presentación o exposición del proyecto de cada grupo al resto de la clase. Realizado este paso, obtendrán otra insignia de las referenciadas anteriormente. (90 minutos)

¿Puntuamos cada proyecto? Cada grupo puntúa el resto de proyectos y su presentación con una puntuación del 1 al 4, siendo el 1 el menos valorado y el 4 como el máximo. Dispones de la rúbrica o escala de valoración mencionada en el anexo 1.3, que se expuso previamente al alumnado para que cada grupo pueda autoevaluar su proyecto y la presentación y coevaluar al de los demás. Los grupos pueden otorgar insignias en reconocimiento del trabajo del resto de grupos.

Para la heteroevaluación (evaluación que realiza el propio docente del proyecto realizado por el alumnado y su presentación al resto de la clase) se adjunta a continuación una lista de valoración:

Escala de valoración del proyecto y su presentación

	Nada (1)	Poco (2)	Bastante (3)	Mucho (4)	Porcentaje	TOTAL
2.1.1 Adquiere habilidades y actitudes de relación con personas de su entorno cercano, poniendo en práctica estrategias efectivas de reflexión.					10 %	
2.1.2. Concibe y explica las acciones de reflexión como expresión de la fraternidad universal y de nuestra responsabilidad en la sociedad y la creación.					10 %	
3.1.1. Genera actitudes de justicia y solidaridad en su entorno cercano					7 %	
3.1.2. Respeta las diversas personas que conviven en su entorno.					6 %	
3.1.3. Toma conciencia de la responsabilidad compartida y la común pertenenciaa la sociedad y el medioambiente, en el horizonte del Reino de Dios y del cuidado de la casa común.					7 %	
3.2.1. Analiza las necesidades sociales, culturales, ecológicas o económicas de su entorno					10 %	
3.2.2. Identifica las situaciones de injusticia, violencia o discriminación con sus posibles o hipotéticas causas					10 %	
3.2.3. Discierne las causas de las situaciones de injusticia, violencia o discriminación según el proyecto del Reino de Dios expresado en la doctrina cristiana que se muestra en la situación de aprendizaje					15 %	

3.2.4. Se implica en la elaboración de propuestas o proyectos concretos y originales de transformación social realizados en equipo diseñando un plan de márquetin para su difusión.					25 %	
TOTAL:						

ANEXO 6.1

Cotejando el resultado de la votación anterior y la opinión de los demás sobre vuestro propio proyecto, contesta en tu cuaderno a las siguientes preguntas: (25 minutos)

· ¿Cómo te has sentido durante el diseño del proyecto?

· ¿Qué es lo que más te ha costado hacer?

· ¿Estás de acuerdo con la valoración que ha obtenido tu proyecto? ¿Por qué?

· ¿Qué te ha gustado más de los demás proyecto? ¿Por qué?

· ¿Qué te ha gustado más de tu proyectos? ¿Por qué?

· ¿Qué cambiarías de tu proyecto ahora que también conoces los proyectos del resto de tus compañeros?

ANEXO 6.2

Realizamos una conclusión. Teniendo en cuenta estas dos últimas preguntas, solicita al alumnado que redacten una conclusión de forma individual y, tras una puesta en común en su grupo, redactan entre sus miembros una conclusión final (da opción a que sean originales y lo presenten con el formato que deseen: rótulo artístico, cartel, letras con sombreado, cartel digital, etc.). Puesta en común con el resto de la clase. (45 minutos)

ANEXO 6.3

¿Y si ponemos en práctica el proyecto más votado o que estimemos más factible? ¿Cómo vamos a darle difusión? ¿Lo presentamos en algún organismo: Ayuntamiento, distrito, ONG, parroquia, radio, prensa, web, otras clases del centro educativo, etc.? Lo debatimos en clase. (20 minutos)

6. Ejemplo de situación de aprendizaje para Religión: "Todo sobre mí"

Tabla 1: Título de la SdA

TODO SOBRE MÍ

Presentación de la SdA

La madurez personal nos permite actuar con autonomía y responsabilidad, con respeto y espíritu crítico, en contextos sociales y culturales diversos. Para alcanzarla, es necesario identificar los elementos clave de nuestro proyecto vital asumiendo una visión global e integradora de todas las vivencias personales con sus posibilidades y límites; gestionando con criterio propio las propias experiencias, las raíces familiares y culturales e interdependencia de los demás y la apertura a la trascendencia. Conlleva el desarrollo de la dimensión vocacional y profesional de nuestra vida, identificando las propias ideas y creencias en diálogo crítico con otras cosmovisiones en contextos de pluralidad.

En el desarrollo de esta situación de aprendizaje desempeña un papel esencial la maduración de un proyecto de vida personal a partir de las propias raíces y experiencias, y en diálogo con las diversas ideologías y religiones que conforman las sociedades actuales. Ayudará en este acceso a la vida adulta el conocimiento crítico o y aplicación de las propuestas de la antropología cristiana y su enseñanza social. Pensar en su posible proyecto vital permitirá al alumnado ejercer la ciudadanía democrática, con libertad y responsabilidad, con una conciencia cívica que atienda a la perspectiva local y global, para participar corresponsablemente en la construcción de una sociedad justa y equitativa.

Tabla 2 Marco curricular y contexto de aplicación

Identificación curricular y ubicación temporal

Etapa/nivel/curso	1º Bachillerato	Competencia/s específica/s y criterio/s de evaluación.	1 – 1.1, 1.2 / 2 – 2.1	Trimestre/evaluación	Primer trimestre
Área o materia	**Religión**	Competencia/s específica/s y criterio/s de evaluación de otras áreas/materias.		Periodo aproximado de implementación (semanas)	Semana 4 a la 10 del primer trimestre
Otras áreas/materias vinculadas		Saberes básicos y complementarios		Nº de sesiones	7

Contexto de aplicación

Esta SdA está destinada al alumnado de Primero de Bachillerato. Como no teníamos posibilidad de llevarlo a la práctica en dicho nivel, se ha trabajado en 1º de ESO en un IES que trabaja por la metodología de Aprendizaje Basado en Proyectos, por lo que se incardina perfectamente, fomentando así mismo, las inteligencias múltiples y el desarrollo de las capacidades del alumnado según sus propias características y cualidades. Entendemos que puede ser un buen comienzo para el alumnado de esta etapa (o la de Bachillerato) plantearse qué quiere ser y cómo en un futuro, reflexionando y plasmando su plan de vida. No necesita ninguna adaptación especial porque cada cual reflexiona, organiza y plasma su proyecto de vida desde sus propias capacidades y actitudes.

Principalmente se abordan competencias específicas relacionadas con la dimensión personal y social, como condición relacional del ser humano, y su naturaleza social y la dignidad humana realizada en el desarrollo integral de cada persona y en su proyecto vital, expresado en todo su potencial social de relaciones, vínculos y pertenencias a un proyecto común para la construcción de la casa común, la fraternidad universal, la inclusión de todos y cada uno de los seres humanos en un ámbito de vida y de humanidad plena. Por lo que, casi con toda seguridad, encuadra con los objetivos educativos de cualquier centro para el desarrollo integral de su alumnado.

Además, esta Situación de Aprendizaje contribuye al logro de los Objetivos de Desarrollo Sostenible: 3. Salud y bienestar, 5. Igualdad de género, 10. Reducción de las desigualdades.

	Tabla 3 ¿Qué se va a aprender en el SdA y qué importancia tiene cada aprendizaje?			
Competencia/s Específica/s	Criterio/s de evaluación del currículo	Criterio/s de evaluación de la situación de aprendizaje	Indicadores y evidencias	La calificación
1. Comprender y asumir el proyecto vital personal, reconociendo las propias ideas y creencias, contrastándolas con la antropología cristiana y otras cosmovisiones, para insertarse en la vida adulta y en el mundo profesional.	1.1. Identificar e interpretar las ideas y creencias que conforman la identidad personal, contrastándolas con categorías fundamentales de la antropología cristiana (creación, imagen de Dios, libertad, pecado, finitud, etc.) y de otras cosmovisiones.	1.1. Identifica los elementos clave del proyecto vital asumiendo una visión global e integradora de las vivencias personales con sus posibilidades y límites, contrastando las ideas y creencias que conforman la identidad personal con las categorías fundamentales de la antropología cristiana, valorando la riqueza y diversidad de la vida humana y su apertura a la trascendencia e identificando las propias ideas y creencias en diálogo crítico con otras cosmovisiones en contextos de pluralidad.	1.1.1. Identifica los elementos clave del proyecto vital como cuáles son sus fortalezas o debilidades, quiénes son sus modelos, expectativas, objetivos y su vocación.	10%
			1.1.2. Contrasta las ideas y creencias que conforman su identidad personal y sus expectativas con los principios fundamentales de la antropología cristiana.	10%
			1.1.3. Valora la riqueza y diversidad de la vida en todas sus dimensiones expresando también su relación con Dios como muestra de apertura a la trascendencia.	10%
			1.1.4. Identifica las propias ideas y creencias y las proyecta en sus expectativas sobre	10%

	10%	cómo le gustaría que fuera su relación consigo mismo, con los demás, con la naturaleza, con Dios y con el trabajo como dimensiones de la vida humana.		
	10%	1.2.1. Reconoce los elementos esenciales de un proyecto vital en clave vocacional y como miembro de la Iglesia.	1.2. Reconoce los elementos esenciales de un proyecto vital en clave vocacional y profesional desde un planteamiento que le permite ejercer la ciudadanía democrática, con libertad y responsabilidad, teniendo en cuenta las propuestas de la antropología cristiana y su enseñanza social, participando corresponsablemente en la construcción de una sociedad justa y equitativa.	1.2. Reconocer los elementos esenciales de un proyecto vital en clave vocacional y profesional desde la autonomía, la libertad y la responsabilidad social, con una actitud sincera de búsqueda de la verdad, teniendo en cuenta la propuesta cristiana y los valores sociales.
	10%	1.2.2. Realiza un planteamiento sobre un proyecto vital que le permite prestar algún servicio en su entorno, sociedad y como parte de la Iglesia, con libertad y responsabilidad.		
	10%	1.2.3. Conoce algunas de las claves teológicas y principios fundamentales de la doctrina social de la Iglesia para incorporarlo al proyecto de vida personal.		
	10%	1.2.4. Participa corresponsablemente en la construcción de una sociedad justa y equitativa como miembro activo de la Iglesia.		

2. Reconocer y desplegar el carácter relacional del ser humano, como fundamento de los deberes y libertades, desarrollando actitudes cívicas y democráticas, contrastando el Evangelio con otros humanismos e ideologías contemporáneas, para aprender a vivir con otros y contribuir a la construcción de una sociedad inclusiva.	2.1. Valorar, en el desarrollo de la identidad personal, la pertenencia a múltiples esferas sociales, promoviendo compromisos de respeto a la diversidad e inclusión en sociedades democráticas.	2.1. Reconoce la naturaleza religiosa y social y el carácter dialógico del ser humano con su dignidad, como fundamento de los derechos y libertades.	2.1.1. Reconoce la naturaleza religiosa y social del ser humano mostrado en su proyecto de vida, como fundamento de los derechos y libertades.	10%
		A. Elabora una presentación en formato físico o digital utilizando distintas técnicas y herramientas y la expone a sus compañeros-as.	A.1. Elabora y expone una presentación del proyecto de vida confeccionado en la SdA en formato físico o digital utilizando distintas técnicas y herramientas.	10%

Tabla 4 El sistema de evaluación. ¿Cómo se evaluarán y calificarán los aprendizajes?

Evaluación inicial				Evaluación continua-formativa				
Aprendizajes a evaluar	Criterio de referencia	Prueba	Inst. de calificación	Aprendizajes a evaluar	Criterio y/o indicador de referencia	Prueba	Instrumento de calificación	Valor de la evaluación continua con respecto al criterio de referencia
				Evaluación final/sumativa				
				Saberes/aprendizajes	Criterio/s que evalúa	Prueba/producto final	Instrumento de calificación	Valor en la situación de aprendizaje
				– Objetivos vitales, desarrollo de la vocación personal y proyecto profesional. – Proyectos personales y profesionales, en la vida eclesial y social, desarrollados en clave vocacional.	1.1.1. Identifica los elementos clave del proyecto vital como cuáles son sus fortalezas o debilidades, quiénes son sus modelos, expectativas, objetivos y su vocación.	Actividad 12. Elaborar una presentación del proyecto de vida	Escala de valoración (HETEV) (Ver anexo)	10%
				– Habilidades y destrezas para descubrir, analizar y valorar críticamente las diferentes pertenencias como medio de enriquecimiento personal.	1.1.2. Contrasta las ideas y creencias que conforman su identidad personal y sus expectativas con los principios fundamentales de la antropología cristiana.	Actividad 8. Reflexionar y escribir cómo le gustaría ser en relación	Cuaderno de evidencias (HETEV)	30%

– Aportaciones de la experiencia religiosa cristiana para una vida con sentido en diálogo con otros paradigmas.		a la dimensión personal, social, natural, espiritual y laboral.		
– Aportaciones de la experiencia religiosa cristiana para una vida con sentido en diálogo con otros paradigmas. – Reconocimiento crítico en el entorno social y cultural de manifestaciones de la dimensión espiritual de la persona.	1.1.3. Valora la riqueza y diversidad de la vida en todas sus dimensiones expresando también su relación con Dios como muestra de apertura a la trascendencia.			
– Objetivos vitales, desarrollo de la vocación personal y proyecto profesional. – Proyectos personales y profesionales, en la vida eclesial y social, desarrollados en clave vocacional. – Aportaciones de la experiencia religiosa cristiana para una vida con sentido en diálogo con otros paradigmas.	1.1.4. Identifica las propias ideas y creencias y las proyecta en sus expectativas sobre cómo le gustaría que fuera su relación consigo mismo, con los demás, con la naturaleza, con Dios y con el trabajo como dimensiones de la vida humana.			

Contenidos	Criterios/estándares	Actividad	Cuaderno de evidencias (HETEV)	20%
– Objetivos vitales, desarrollo de la vocación personal y proyecto profesional. – Proyectos personales y profesionales, en la vida eclesial y social, desarrollados en clave vocacional.	1.2.1. Reconoce los elementos esenciales de un proyecto vital en clave vocacional y como miembro de la Iglesia.	Actividad 11. Rutina de pensamiento: pienso, preparo y muestro.		
– Objetivos vitales, desarrollo de la vocación personal y proyecto profesional. – Habilidades y destrezas para descubrir, analizar y valorar críticamente las diferentes pertenencias como medio de enriquecimiento personal. – Proyectos personales y profesionales, en la vida eclesial y social, desarrollados en clave vocacional. – La vida en sociedad, condición necesaria del desarrollo vital de la persona. – Aportaciones de la experiencia religiosa cristiana para una vida con sentido en diálogo con otros paradigmas.	1.2.2. Realiza un planteamiento sobre un proyecto vital que le permite prestar algún servicio en su entorno, sociedad y como parte de la Iglesia, con libertad y responsabilidad.			

– Reconocimiento crítico en el entorno social y cultural de manifestaciones de la dimensión espiritual de la persona. – Valores sociales, pensamiento crítico y proyecto personal y profesional.			
– Habilidades y destrezas para descubrir, analizar y valorar críticamente las diferentes pertenencias como medio de enriquecimiento personal.	1.2.3. Conoce algunas de las claves teológicas y principios fundamentales de la doctrina social de la Iglesia para incorporarlo al proyecto de vida personal.	Actividad 8. Reflexionar y escribir cómo le gustaría ser en relación con la dimensión personal, social, natural, espiritual y laboral.	10%
– Habilidades y destrezas para descubrir, analizar y valorar críticamente las diferentes pertenencias como medio de enriquecimiento personal. – Proyectos personales y profesionales, en la vida eclesial y social, desarrollados en clave vocacional.	1.2.4. Participa corresponsablemente en la construcción de una sociedad justa y equitativa como miembro activo de la Iglesia.	Actividad 11. Rutina de pensamiento: pienso, preparo y muestro.	20%

				10%
			Escala de valoración (HETEV) (Ver anexo)	
		Actividad 12. Elaborar una presentación del proyecto de vida. Actividad 13. Presentación o exposición del proyecto a los compañeros de clase.		
– La vida en sociedad, condición necesaria del desarrollo vital de la persona. – Reconocimiento crítico en el entorno social y cultural de manifestaciones de la dimensión espiritual de la persona.				
	2.1.1. Reconoce la naturaleza religiosa y social del ser humano mostrado en su proyecto de vida, como fundamento de los derechos y libertades.			
– Objetivos vitales, desarrollo de la vocación personal y proyecto profesional. – Valores sociales, pensamiento crítico y proyecto personal y profesional.				
	A.1. Elabora y expone una presentación del proyecto de vida confeccionado en la SdA en formato físico o digital utilizando distintas técnicas y herramientas.			
– Presentaciones en formato digital o físico de trabajos realizados.				

Tabla 5. La relación entre la SdA y el perfil de salida (PS) de la etapa

Indicadores evaluados	Competencia clave (PS)	Descriptor (PS)
1.1.1. Identifica los elementos clave del proyecto vital como cuáles son sus fortalezas o debilidades, quiénes son sus modelos, expectativas, objetivos y su vocación.	Competencia Emprendedora	CE2. Evalúa las fortalezas y debilidades propias, haciendo uso de estrategias de autoconocimiento y autoeficacia, y comprende los elementos fundamentales de la economía y las finanzas, aplicando conocimientos económicos y financieros a actividades y situaciones concretas, utilizando destrezas que favorezcan el trabajo colaborativo y en equipo, para reunir y optimizar los recursos necesarios que lleven a la acción una experiencia emprendedora que genere valor.
1.1.2. Contrasta las ideas y creencias que conforman su identidad personal y sus expectativas con los principios fundamentales de la antropología cristiana.	Competencia Emprendedora	CE3. Desarrolla el proceso de creación de ideas y soluciones valiosas y toma decisiones, de manera razonada, utilizando estrategias ágiles de planificación y gestión, y reflexiona sobre el proceso realizado y el resultado obtenido, para llevar a término el proceso de creación de prototipos innovadores y de valor, considerando la experiencia como una oportunidad para aprender.
1.1.3. Valora la riqueza y diversidad de la vida en todas sus dimensiones expresando también su relación con Dios como muestra de apertura a la trascendencia.	Competencia Ciudadana	CC1. Analiza y comprende ideas relativas a la dimensión social y ciudadana de su propia identidad, así como a los hechos culturales, históricos y normativos que la determinan, demostrando respeto por las normas, empatía, equidad y espíritu constructivo en la interacción con los demás en cualquier contexto.

1.1.4. Identifica las propias ideas y creencias y las proyecta en sus expectativas sobre cómo le gustaría que fuera su relación consigo mismo, con los demás, con la naturaleza, con Dios y con el trabajo como dimensiones de la vida humana.	Competencia personal, social y de aprender a aprender	CPSAA1. Regula y expresa sus emociones, fortaleciendo el optimismo, la resiliencia, la autoeficacia y la búsqueda de propósito y motivación hacia el aprendizaje, para gestionar los retos y cambios y armonizarlos con sus propios objetivos.
1.2.1. Reconoce los elementos esenciales de un proyecto vital en clave vocacional y como miembro de la Iglesia.	Competencia Ciudadana	CC4. Comprende las relaciones sistémicas de interdependencia, ecodependencia e interconexión entre actuaciones locales y globales, y adopta, de forma consciente y motivada, un estilo de vida sostenible y ecosocialmente responsable.
1.2.2. Realiza un planteamiento sobre un proyecto vital que le permite prestar algún servicio en su entorno, sociedad y como parte de la Iglesia, con libertad y responsabilidad.	Competencia Ciudadana	CC4. Comprende las relaciones sistémicas de interdependencia, ecodependencia e interconexión entre actuaciones locales y globales, y adopta, de forma consciente y motivada, un estilo de vida sostenible y ecosocialmente responsable.
1.2.3. Conoce algunas de las claves teológicas y principios fundamentales de la doctrina social de la Iglesia para incorporarlo al proyecto de vida personal.	Competencia Emprendedora	CE3. Desarrolla el proceso de creación de ideas y soluciones valiosas y toma decisiones, de manera razonada, utilizando estrategias ágiles de planificación y gestión, y reflexiona sobre el proceso realizado y el resultado obtenido, para llevar a término el proceso de creación de prototipos innovadores y de valor, considerando la experiencia como una oportunidad para aprender.
1.2.4. Participa corresponsablemente en la construcción de una sociedad justa y equitativa como miembro activo de la Iglesia.	Competencia Ciudadana	CC4. Comprende las relaciones sistémicas de interdependencia, ecodependencia e interconexión entre actuaciones locales y globales, y adopta, de forma consciente y motivada, un estilo de vida sostenible y ecosocialmente responsable.

2.1.1. Reconoce la naturaleza religiosa y social del ser humano mostrado en su proyecto de vida, como fundamento de los derechos y libertades.	Competencia Ciudadana	CC1. Analiza y comprende ideas relativas a la dimensión social y ciudadana de su propia identidad, así como a los hechos culturales, históricos y normativos que la determinan, demostrando respeto por las normas, empatía, equidad y espíritu constructivo en la interacción con los demás en cualquier contexto.
A.1. Elabora y expone una presentación del proyecto de vida confeccionado en la SdA en formato físico o digital utilizando distintas técnicas y herramientas.	Competencia Digital	CD2. Gestiona y utiliza su entorno personal digital de aprendizaje para construir conocimiento y crear contenidos digitales, mediante estrategias de tratamiento de la información y el uso de diferentes herramientas digitales, seleccionando y configurando la más adecuada en función de la tarea y de sus necesidades de aprendizaje permanente.

Tabla 6. Saberes básicos y saberes complementarios

Saberes básicos de la SdA	Materia	Bloque
– Objetivos vitales, desarrollo de la vocación personal y proyecto profesional.	Religión	A
– Habilidades y destrezas para descubrir, analizar y valorar críticamente las diferentes pertenencias como medio de enriquecimiento personal.		
– Proyectos personales y profesionales, en la vida eclesial y social, desarrollados en clave vocacional.		
– La vida en sociedad, condición necesaria del desarrollo vital de la persona.		
– Aportaciones de la experiencia religiosa cristiana para una vida con sentido en diálogo con otros paradigmas.		
– Reconocimiento crítico en el entorno social y cultural de manifestaciones de la dimensión espiritual de la persona.	Religión	B
– Valores sociales, pensamiento crítico y proyecto personal y profesional.	Religión	C
– Presentaciones en formato digital o físico de trabajos realizados.	Transversal	

Tabla 7. Secuencia didáctica de cada una de las sesiones de trabajo | Sesión nº: 1

🕐	Saberes/Aprendizajes	Metodología/Acciones formativas	Agrup.	Espacio	Recursos (Personales y/o materiales)	Crit/Ind (Eval)	Ref DUA
60 minutos	– La vida en sociedad, condición necesaria del desarrollo vital de la persona.	Metodología: Rol playing 1. Entrevista a un personaje famoso. Dramatizar la entrevista tras elaborar las preguntas.	PG GG	Aula	– Anexo 1.1 – Cuaderno de evidencias – Proyector o pizarra digital	1.1.1.	1.1 1.2 1.3

Tabla 7. Secuencia didáctica de cada una de las sesiones de trabajo — Sesión n°: 2

⏱	Saberes/Aprendizajes	Metodología/Acciones formativas	Agrup.	Espacio	Recursos (Personales y/o materiales)	Crit/Ind (Eval)	Ref DUA
15 minutos	– La vida en sociedad, condición necesaria del desarrollo vital de la persona.	**Quién soy...** 1. Contestar las preguntas de la entrevista. Añadir cosas curiosas de sí mismo.	IND	Aula	– Anexo 2.1 – Cuaderno de evidencias o de aprendizaje – proyector o pizarra digital	1.1.1.	1.1
25 minutos	– La vida en sociedad, condición necesaria del desarrollo vital de la persona.	Aprendizaje basado en el juego 2. Jugar a quien es quien con las cosas curiosas escritas anteriormente.	GG	Aula	– Anexo 2.2 – Tiras de papel o post-it – Bolsa, cubito o tarro grande	1.1.1.	1.3
10 minutos	– La vida en sociedad, condición necesaria del desarrollo vital de la persona.	3. Debate.	GG	Aula	– Anexo 2.3	1.1.1.	
10 minutos		4. Presentación de la SdA y del producto: **reflexionar sobre tu persona y plantear tu proyecto de vida.**	GG	Aula	– Anexo 2.4 – Proyector o pizarra digital	1.1.1.	

	Tabla 7. Secuencia didáctica de cada una de las sesiones de trabajo				Sesión n°: 3	
Saberes/Aprendizajes	Metodología/Acciones formativas	Agrup.	Espacio	Recursos (Personales y/o materiales)	Crit/Ind (Eval)	Ref DUA
🕐 20 minutos — Habilidades y destrezas para descubrir, analizar y valorar críticamente las diferentes pertenencias como medio de enriquecimiento personal.	**Así soy...** 1. Escribir las propias fortalezas y debilidades y compartirlas en el equipo.	IND PG	Aula	– Anexo 3.1 – Cuaderno de evidencias	1.1.2.	3.3
10 minutos — Reconocimiento crítico en el entorno social y cultural de manifestaciones de la dimensión espiritual de la persona.	**Así quiero ser...** **2. Mis modelos.** Identificar sus modelos, quiénes son y por qué.	IND	Aula	– Anexo 3.2 – Cuaderno de evidencias	1.1.2 1.1.3	
30 minutos — Objetivos vitales, desarrollo de la vocación personal y proyecto profesional. – Proyectos personales y profesionales, en la vida eclesial y social, desarrollados en clave vocacional. – Aportaciones de la experiencia religiosa cristiana	**3. Mis expectativas.** Reflexionar y escribir cómo le gustaría ser. (Sirve de evaluación)	IND PG	Aula	– Anexo 3.3 – Cuaderno de evidencias	1.1.4 1.2.3	2.2 2.3

para una vida con sentido en diálogo con otros paradigmas.

Tabla 7. Secuencia didáctica de cada una de las sesiones de trabajo

						Sesión n°: 4	
⏱	Saberes/Aprendizajes	Metodología/Acciones formativas	Agrup.	Espacio	Recursos (Personales y/o materiales)	Crit/Ind (Eval)	Ref DUA
15 minutos	– Habilidades y destrezas para descubrir, analizar y valorar críticamente las diferentes pertenencias como medio de enriquecimiento personal. – Objetivos vitales, desarrollo de la vocación personal y proyecto profesional. – Proyectos personales y profesionales, en la vida eclesial y social, desarrollados en clave vocacional. – Valores sociales, pensamiento crítico y proyecto personal y profesional.	**Para llegar a serlo...** Elaborar nuestro proyecto de vida. 1. **Las cosas que necesitas para cumplir tus expectativas y pasos para llegar a conseguirlas.**	IND	Aula	– Anexo 4.1 – Cuaderno de evidencias	1.2.1	2.3 3.1

Tiempo	Contenidos	Actividad		Espacio	Recursos		
15 minutos	– Habilidades y destrezas para descubrir, analizar y valorar críticamente las diferentes pertenencias como medio de enriquecimiento personal. – Objetivos vitales, desarrollo de la vocación personal y proyecto profesional. – La vida en sociedad, condición necesaria del desarrollo vital de la persona.	2. Los objetivos o metas a corto y a largo plazo (para un futuro más lejano).	IND	Aula	– Anexo 4.2 – Cuaderno de evidencias	1.2.2 1.2.4	2.2 2.3
30 minutos	– Aportaciones de la experiencia religiosa cristiana para una vida con sentido en diálogo con otros paradigmas. – Objetivos vitales, desarrollo de la vocación personal y proyecto profesional. – Proyectos personales y profesionales, en la vida eclesial y social, desarrollados en clave vocacional.	Mi rol en el mundo (vocación) 3. Rutina de pensamiento. Puesta en común. (Sirve de evaluación)	IND PG GG	Aula	– Anexo 4.3 – Cuaderno de evidencias	1.2.1 1.2.2 1.2.4 2.1.1	2.2 2.3

– Reconocimiento crítico en el entorno social y cultural de manifestaciones de la dimensión espiritual de la persona.

Tabla 7. Secuencia didáctica de cada una de las sesiones de trabajo						Sesión n°: 5 y 6	
⏱	Saberes/Aprendizajes	Metodología/Acciones formativas	Agrup.	Espacio	Recursos (Personales y/o materiales)	Crit/Ind (Eval)	Ref DUA
55 minutos	– Objetivos vitales, desarrollo de la vocación personal y proyecto profesional. – Proyectos personales y profesionales, en la vida eclesial y social, desarrollados en clave vocacional.	1. Elaborar una presentación del proyecto de vida. (Sirve de evaluación)	IND	Aula	– Anexo 5.1 – Cuaderno de evidencias – Ordenadores, tablets o dispositivos con conexión – Cartulina (en caso necesario)	1.1.1 A.1	1.3 2.2
50 minutos	– Proyectos personales y profesionales, en la vida eclesial y social, desarrollados en clave vocacional.	2. Exposición del proyecto. (Sirve de evaluación)	GG	Salón de actos (presentación) Aula	– Ordenadores, tablets o dispositivos con conexión – Proyector o pizarra digital	A.1	1.2 2.2

	Saberes/Aprendizajes	Metodología/Acciones formativas	Agrup.	Espacio	Recursos (Personales y/o materiales)	Crit/Ind (Eval)	Ref DUA
15 minutos	– Presentaciones en formato digital o físico de trabajos realizados.	3. Coevaluación.	PG	Salón de actos (presentación) Aula	– Presentaciones en formato digital o físico de trabajos realizados.		
					– Anexo 5.2 – Cuaderno de evidencias		
					– Cartulina (en caso necesario)		

Tabla 7. Secuencia didáctica de cada una de las sesiones de trabajo

						Sesión n.º 7	
🕐	Saberes/Aprendizajes	Metodología/Acciones formativas	Agrup.	Espacio	Recursos (Personales y/o materiales)	Crit/Ind (Eval)	Ref DUA
15 minutos	– Proyectos personales y profesionales, en la vida eclesial y social, desarrollados en clave vocacional. – Presentaciones en formato digital o físico de trabajos realizados.	1. Metacognición.	IND	Aula	– Anexo 6.1 – Cuaderno de evidencias	1.1.1 A.1	

Tiempo		Actividad		Espacio	Evidencias		
35 minutos	– Proyectos personales y profesionales, en la vida eclesial y social, desarrollados en clave vocacional.	2. Redactar una conclusión y una puesta en común.	IND GG	Aula	– Anexo 6.2 – Cuaderno de evidencias	A.1	
10 minutos	– Proyectos personales y profesionales, en la vida eclesial y social, desarrollados en clave vocacional.	3. Compartir el proyecto con las familias.	IND PAR	Aula	– Anexo 6.3 – Cuaderno de evidencias	A.1	2.2 3.3

Tabla 8. Evaluación de la práctica docente y propuestas de mejora

Indicadores	Valoración cualitativa	Propuestas de mejora
La SdA y su relación con el currículo	Todos los elementos curriculares planteados en la concreción curricular se asocian y dan sentido a distintas actividades que componen la SdA.	Mantener esta buena relación en posteriores SdA y, si es posible, reducir los elementos curriculares para facilitar su evaluación y el grado de consecución de cada alumno.
La SdA y su capacidad para generar experiencias valiosas, motivadoras y funcionales	Partir de la realidad religiosa de su entorno cercano, sus intereses o elementos que se localizan en su propio contexto facilita la motivación y la consecución del producto final planteado.	Motivar siempre desde esta realidad religiosa de su experiencia y, si la madurez del alumnado lo permite, dar opciones para elegir el producto final o que sean ellos mismos quienes lo propongan.

El análisis del contexto (personas tiempo, recursos disponibles) y adaptaciones DUA realizadas.	Hay alumnos que fácilmente se dispersan y se entretienen, provocando que no aproveche el tiempo o necesitando más margen de tiempo para finalizar su trabajo.	Ofrecer posibilidades de trabajar en parejas (tutoría entre iguales) las actividades propuestas para realizarlas individualmente. Dar posibilidad al docente que aplique esta SdA para reducir o eliminar algunas de las actividades para disponer de más tiempo para elaborar el producto final.
El sistema de evaluación (inicial, formativa y sumativa) y de calificación	La evaluación inicial está inherente en las primeras actividades que corresponderían a la fase de movilizar conocimientos previos, motivar y activar los aprendizajes adquiridos. Se tienen en cuenta para la evaluación final la propia autoevaluación del alumnado y la coevaluación, lo que enriquece la evaluación de la SdA al utilizar otros instrumentos y no únicamente la calificación realizada por el docente.	No todo lo que sirve para evaluar debe ser calificado de forma numérica. Al final, debe ser una evaluación sumativa de todo el proceso, no sólo del resultado final.
Gestión del tiempo	En algunas clases he tenido que reducir el número de actividades o simplificarlas por falta de tiempo.	Reducir el número de actividades o su complejidad si la madurez del alumnado lo exige.
Metodologías/actividades propuestas	La mayor parte de las actividades siguen una metodología competencial. Sólo se ha especificado la metodología en alguna occasion concreta o más específica. Se ha utilizado diversidad de metodologías fomentando una cultura del pensamiento.	Mantener la diversidad en metodologías, metacognición y retinas y destrezas de pensamiento fomentando la cultura del desarrollo del pensamiento.

Coordinación entre docentes	No hubo al ser el único professor que imparte clases de Religión en dichos niveles.	Cuantas más personas se impliquen en el diseño y aplicación de la SdA provocará un mejor resultado y aprovechamiento didáctico.
Clima de aula generado	El ambiente de trabajo ha mejorado al incorporar actividades en parejas y equipos cooperatives, además de plantear un reto o elaboración de un producto final. Las actividades tenían "un sentido", lo que también favoreció la actitud frente al trabajo y a la adquisición de aprendizajes.	Plantear retos o productos finales más cercanos a los intereses del propio alumnado. Mantener el trabajo por parejas y equipos cooperatives en futures SdA.
Otros	Exponer su trabajo al resto del alumnado ha mejorado la motivación, a la vez que su implicación en la evaluación al calificar a otros grupos.	No debe faltar la exposición del producto realizado en las SdA y, si es posible, mostrarlo también a las familias o implicarlos en su elaboración.

Se incorpora una mayor concreción de las actividades de aprendizaje, lista de valoración y escala de valoración a modo de anexos en la versión digital.

Anexo: "Todo sobre mí"

ANEXO 1.1.

Aún siguen siendo habituales los programas de televisión donde se entrevistan a personajes famosos mezclando humor y preguntas personales, sobre todo en la "prime time".

Pide a tu alumnado que imaginen que son los guionistas de uno de dichos programas, por ejemplo "Relistencia" y que tienen que preparar las preguntas para une entrevista muy personal, para conocerla en profundidad... Hay preguntas básicas: colores, animales, comidas... favoritas, sobre mascotas, deportes, cantantes o música, hobbies... otras, no tan básicas. Pueden visualizar este video en casa o puedes mostrarle algunas partes que consideres de más interés: *El sentido de la vida*, URL: https://aprendemosjuntos.bbva.com/a-mi-yo-adolescente/el-sentido-de-la-vida (Recuperado: 07/02/2025). (20 minutos)

Visualizado el video, en grupos de 4 miembros elaboran 10 preguntas que ayuden a conocer a esa persona. (15 minutos)

Puedes proponerles que representen la entrevista. ¿Se atreverán? Conviene animarles, pues disfrutarán mucho con la actividad. (25 minutos)

ANEXO 2.1.

¿Qué contestarías tú si te hicieran esas preguntas? Copia las preguntas y contesta en tu cuaderno de evidencias. Añade 6 cosas curiosas de ti. (15 minutos)

ANEXO 2.2.

Jugamos a quien es quien. Cada alumno copia sólo dos de sus cosas curiosas en pequeñas tiras de papel o post-it. Se echarán todas en una bolsa y se sacará una al azar. Se lee y deberán adivinar de quién se trata. Así, sucesivamente con todas. (25 minutos)

ANEXO 2.3.

Debate: ¿Creéis que con esas preguntas y los datos curiosos se puede llegar a conocer a una persona? ¿Por qué? ¿Se puede llegar a conocer a una persona a través de una entrevista? ¿Qué piensas? (10 minutos)

ANEXO 2.4.

Presentación de la SdA y del producto: Para darse a conocer o dejar que te conozcan, lo primero es conocerte bien tú mismo-a. Saber quién eres te permitirá no sólo recordar tu pasado, sino valorar el momento que estás viviendo ahora y, sobre todo, marcar un horizonte en tu vida, reflexionar a dónde quieres llegar: tus metas, objetivos, proyectos en tu vida... y, además, quién quieres ser.

Éste es el objetivo de la Situación de Aprendizaje: **reflexionar sobre tu persona para que te conozcas mejor y ayudarte a plantear tu proyecto de vida.** Presenta los criterios de evaluación que se encuentran seguidamente. (10 minutos)

Lista de valoración del proyecto de vida y su presentación

Califica del 1 al 4, siendo el 1 el menos valorado y el 4 como el máximo según esta rúbrica:

Puntuación	1	2	3	4	Total
Contiene una introducción a modo de presentación personal	El proyecto se inicia con una presentación pero no incluye los gustos y aspectos básicos personales ni datos o anécdotas curiosas.	El proyecto se inicia con una presentación con los gustos y aspectos básicos personales pero no incluye datos o anécdotas curiosas.	El proyecto se inicia con una presentación con los gustos y aspectos básicos personales e incluye como máximo tres datos o anécdotas curiosas.	El proyecto se inicia con una presentación con los gustos y aspectos básicos personales e incluye 6 datos o anécdotas curiosas.	
Expone las fortalezas y debilidades personales	Menciona su forma de ser o actuar, cosas que le gustan de él/ella que son buenas, pero no sus habilidades ni sus valores cristianos, etc., y tampoco señala defectos en su forma de ser o actuar, cosas que no le gustan de él/ella o considera que deberías mejorar o cambiar, etc.	Incluye las habilidades, forma de ser o actuar, cosas que le gustan de él/ella que son buenas, sus valores cristianos, etc., pero no señala sus defectos en su forma de ser o actuar, cosas que no le gustan de él/ella o considera que deberías mejorar o cambiar, etc.	Incluye como máximo tres habilidades, forma de ser o actuar, cosas que le gustan de él/ella que son buenas, sus valores cristianos, etc., y hasta tres defectos en su forma de ser o actuar, cosas que no le gustan de él/ella o considera que deberías mejorar o cambiar, etc.	Incluye cinco habilidades, forma de ser o actuar, cosas que le gustan de él/ella que son buenas, sus valores cristianos, etc., y máximo cinco defectos en su forma de ser o actuar, cosas que no le gustan de él/ella o considera que deberías mejorar o cambiar, etc.	

Expresa quiénes son sus modelos de vida	Menciona como máximo tres personas que tienen un lugar importante en su vida y le sirven de ejemplo, pero ninguno son cristianos y no explica el porqué.	Menciona como máximo tres personas que tienen un lugar importante en su vida y le sirven de ejemplo, de su entorno como modelos cristianos, pero no explica el porqué.	Menciona cuatro personas que tienen un lugar importante en su vida y le sirven de ejemplo, de su entorno como modelos cristianos, y explica el porqué.	Menciona cinco personas que tienen un lugar importante en su vida y le sirven de ejemplo, tanto de su entorno como modelos cristianos y explica el porqué.	
Indica las expectativas personales	Indica cómo le gustaría ser en nuestra relación sólo en dos de las dimensiones personal, social, natural, espiritual y laboral, esto es, consigo mismo, con los demás, con la naturaleza, con Dios y con el trabajo.	Indica cómo le gustaría ser en nuestra relación en tres de las dimensiones personal, social, natural, espiritual y laboral, esto es, consigo mismo, con los demás, con la naturaleza, con Dios y con el trabajo.	Indica cómo le gustaría ser en nuestra relación en cuatro de las dimensiones personal, social, natural, espiritual y laboral, esto es, consigo mismo, con los demás, con la naturaleza, con Dios y con el trabajo.	Indica cómo le gustaría ser en nuestra relación en nuestra dimensión personal, social, natural, espiritual y laboral, esto es, consigo mismo, con los demás, con la naturaleza, con Dios y con el trabajo.	
Establece un plan para alcanzar sus expectativas y cumplir sus objetvos o metas propuestas	Señala como máximo tres cosas que necesita tener, saber, hacer, ser, etc. para cumplir con sus expectativas, pero	Señala como máximo tres cosas que necesita tener, saber, hacer, ser, etc. para cumplir con sus expectativas, y define	Señala más de tres cosas que necesita tener, saber, hacer, ser, etc. para cumplir con sus expectativas, y define	Señala más de tres cosas que necesita tener, saber, hacer, ser, etc. para cumplir con sus expectativas, define	

	no define sus metas y objetivos y los pasos que tendría que dar para llegar alcanzarlos (su plan para lograrlos).	sus metas y objetivos y pero no los pasos que tendría que dar para llegar alcanzarlos (su plan para lograrlos).	sus metas y objetivos, pero no todos los pasos que tendría que dar para llegar alcanzarlos (su plan para lograrlos).	sus metas y objetivos y los pasos que tendría que dar para llegar alcanzarlos (su plan para lograrlos).
Identifica y define su vocación	No define claramente su vocación y no identifica el servicio que puede prestar en su contexto (familia, amigos, entorno, sociedad, etc.) ni a la Iglesia, como parte de ella, para cumplir su misión.	Define su vocación pero no identifica el servicio que puede prestar en su contexto (familia, amigos, entorno, sociedad, etc.) ni a la Iglesia, como parte de ella, para cumplir su misión.	Define su vocación pero sólo identifica uno de los servicios que puede prestar o en su contexto (familia, amigos, entorno, sociedad, etc.) o a la Iglesia, como parte de ella, para cumplir su misión.	Define su vocación identificando el servicio que puede prestar en su contexto (familia, amigos, entorno, sociedad, etc.) y también a la Iglesia, como parte de ella, para cumplir su misión.
Exposición	No hay orden en las ideas que se exponen. Evidencian inseguridad sin poder articular ideas coherentes.	Desarrollan solo las ideas principales. Titubean y hacen desarrollos del proyecto que son innecesarios.	Exponen una introducción adecuada pero abordan el resto de pasos de forma desordenada.	Realizan una introducción motivadora. Exponen de manera secuencial y jerárquica el resto de pasos. Expresan sus ideas con seguridad y fluidez.

ANEXO 3.1.

Así soy...

Es hora de reflexionar sobre nuestras **fortalezas y debilidades**, esto es, las habilidades, forma de ser o actuar, cosas que te gusta de ti que son buenas, tus valores cristianos, etc., y defectos en tu forma de ser o actuar, cosas que no te gustan de ti o consideras que deberías mejorar o cambiar, etc.

Dibuja en tu cuaderno de evidencias dos círculos que se superponen por una parte (diagrama de Venn[13]) donde en uno escribas tus fortalezas, tus debilidades en el otro y en la parte común, las conclusiones a las que llegas. ¿Te atreves a compartir con tu equipo de trabajo o la clase sus conclusiones? (20 minutos)

ANEXO 3.2.

Así quiero ser...

Mis modelos. Todas las personas admiramos a otras a las que queremos parecernos por distintos motivos. Son nuestros modelos. Indica en tu cuaderno de evidencias las personas que tienen un lugar importante en tu vida y te sirven de ejemplo, tanto de tu entorno como modelos cristianos (no te olvides de ellos). Puedes dibujar una tabla con dos columnas; en la primera debes escribir quiénes son y en la segunda el porqué, qué aportan en tu vida y por qué te gustaría ser como ellos. (10 minutos)

---

13   Un *diagrama de Venn* usa círculos que se superponen u otras figuras para ilustrar las relaciones lógicas entre dos o más conjuntos de elementos.

ANEXO 3.3.

Mis expectativas. Ahora es el momento de reflexionar y escribir cómo nos gustaría ser en nuestra relación a nuestra dimensión personal, social, natural, espiritual y laboral, esto es, contigo mismo, con los demás, con la naturaleza, con Dios y con el trabajo. Quizás te ayude tener en cuenta los principios cristianos que ya hemos trabajado en la asignatura de Religión en cursos anteriores o el documento que encontrarás mencionado a continuación. Puedes presentarlo a modo de tabla con cinco columnas, cinco globos o de la forma que desees y muestres tu originalidad. (Sirve de evaluación)

¿Lo compartimos con los demás miembros del equipo (grupos de 4 o 5 personas)? (30 minutos)

En este documento encontrarás unas claves teológicas para hacer vuestro plan personal de vida además de otros consejos de utilidad. URL: https://profesionalescristianos.com/wp-content/uploads/2012/08/ Plan-Personal-de-Vida-y-Acci%C3%B3n-PX_20120812.pdf (Recuperado: 09/02/2025).

También te pueden servir estos principios de la doctrina social de la Iglesia

Esta preocupación de la Iglesia se concreta en valores que sirven de base para la actuación social. Todos ellos tienen base evangélica y están de acuerdo con la naturaleza humana, que la Iglesia asume y defiende, buscando llevarla a la plenitud, por la Redención obrada por Cristo. Estos valores son:

9. La dignidad de la persona humana: la vida humana es sagrada y su dignidad inviolable, independientemente de la edad, el estado de salud, la riqueza o la condición social. Cada persona tiene derecho a la vida desde su concepción hasta la muerte natural. Además, una vida digna conlleva paz, que en muchas ocasiones se ve amenazada por la guerra y la violencia.

10. Familia y comunidad: el hombre es un ser social y tiene derecho a crecer en comunidad. El matrimonio y la familia son la base de la sociedad (ya en los comienzos de la Iglesia la familia era considerada "iglesia doméstica", término que se recuperó en el Concilio Vaticano II y que san Juan Pablo II extendió). Todas las personas tienen derecho a participar en la sociedad.

11. Derechos y deberes: todas las personas tienen derechos que hacer valer y deberes que cumplir, tanto a nivel individual como familiar y social. En particular de los trabajadores: la economía está al servicio de las personas, no al revés. Los trabajadores tienen derecho a un trabajo digno, seguro y bien remunerado.

12. Opción preferencial por los pobres y vulnerables: Jesús nos enseñó que los más vulnerables en una sociedad tienen un lugar privilegiado en su Reino. Es un deber de justicia ayudar a todos a luchar contra la pobreza y las situaciones de riesgo, algo que el Papa Francisco ha recalcado desde el inicio de su pontificado.

13. Bien Común: es "el conjunto de condiciones de la vida social que hacen posible a las asociaciones y a cada uno de sus miembros el logro más pleno y más fácil de la propia perfección" (GS 26)

14. Solidaridad: la Iglesia promueve la paz y la justicia por encima de diferencias de raza, nación, religión, etc. Hay una sola familia humana que todos somos responsables de cuidar.

15. Subsidiariedad: el Estado debe permitir "a las asociaciones inferiores (resolver) aquellos asuntos y cuidados de menor importancia, en los cuales, por lo demás perdería mucho tiempo, con lo cual logrará realizar más libre, más firme y más eficazmente todo aquello que es de su exclusiva competencia" (QA 80).

16. Cuidado de la creación: Dios puso al hombre al frente de las realidades terrenas para dominarlas y cuidarlas, manifestando en el respeto a otras criaturas el respeto debido al Creador. La crisis medioambiental tiene dimensiones morales.

Y recordar los diez principios fundacionales en la Doctrina Social de la Iglesia: https://via.library.depaul.edu/cgi/viewcontent.cgi?referer=&httpsredir=1&article=2502&context=vincentiana (Recuperado: 09/02/2025)

ANEXO 4.1.

Para llegar a serlo...

Hasta ahora hemos estado conociéndonos. El siguiente paso en la elaboración de nuestro proyecto de vida consiste en identificar qué necesitamos para llegar a cumplir nuestras expectativas y qué objetivos nos podemos marcar para el futuro. Completa en tu cuaderno de evidencias **las cosas que necesitas** tener, saber, hacer, ser, etc. para cumplir con tus expectativas señaladas y los pasos que tendrías que dar para llegar a conseguir lo que quieres ser (tu plan para llegar a serlo). (15 minutos)

ANEXO 4.2.

Ahora estás preparado-a para pensar y escribir cuáles son tus **objetivos o metas** a corto y a largo plazo (para un futuro más lejano). Puedes elaborarlos en una tabla con dos columnas en tu cuaderno de evidencias o en dos globos, pero sabes que tienes libertad de usar el diseño que estimes. Mientras más original, mejor. Piensa que el plantearte y anotar tus objetivos te servirá para tomar conciencia de tus avances y el grado en que los vas alcanzando. (15 minutos)

ANEXO 4.3.

Mi rol en el mundo (vocación)

Un buen proyecto de vida no sólo beneficia a la persona que lo hace sino que además, como bien sabes, busca la felicidad de quienes nos rodean y busca mejorar el mundo en que vivimos. Por ello, en un proyecto de vida cristiano no puede faltar el servicio como uno de sus pilares.

Rutina de pensamiento: pienso, preparo y muestro. Reflexiona (*pienso*) e indica en tu cuaderno de evidencias el servicio que puedes prestar en tu contexto (familia, amigos, entorno, sociedad, etc.) y también a la Iglesia, como parte de ella, para cumplir su misión: recordar a Jesús, anunciar el amor de Dios y ayudar a quienes lo necesitan. Como siempre, puedes dibujar dos bocadillos o globos en tu cuaderno y escribir en ellos... u otro diseño que elijas (*preparo*) y hacemos una puesta en común (*muestro*) en equipos de 5 personas o al grupo clase, según indique tu profesor. (30 minutos) (Sirve de evaluación)

ANEXO 5.1.

Elabora una presentación del proyecto de vida donde incluyas todos los apartados anteriores: quién soy, así soy, así quiero ser, para llegar a serlo y mi rol en el mundo (vocación). Puedes utilizar cualquier técnica o herramienta física o digital. (55 minutos) (Sirve de evaluación)

Posteriormente deberás exponerla al resto de la clase. (50 minutos) (Sirve de evaluación)

Utilizaremos la siguiente rúbrica para la evaluación del alumnado:

Escala de valoración del proyecto de vida (HETEV)

	Nada (1)	Poco (2)	Bastante (3)	Mucho (4)	Porcentaje	TOTAL
1.1.1. Identifica los elementos clave del proyecto vital como cuáles son sus fortalezas o debilidades, quiénes son sus modelos, expectativas, objetivos y su vocación.					10 %	
1.1.2. Contrasta las ideas y creencias que conforman su identidad personal y sus expectativas con los principios fundamentales de la antropología cristiana.					10 %	
1.1.3. Valora la riqueza y diversidad de la vida en todas sus dimensiones expresando también su relación con Dios como muestra de apertura a la trascendencia.					10 %	
1.1.4. Identifica las propias ideas y creencias y las proyecta en sus expectativas sobre cómo le gustaría que fuera su relación consigo mismo, con los demás, con la naturaleza, con Dios y con el trabajo como dimensiones de la vida humana.					10 %	
1.2.1. Reconoce los elementos esenciales de un proyecto vital					10 %	

en clave vocacional y como miembro de la Iglesia.						
1.2.2. Realiza un planteamiento sobre un proyecto vital que le permite prestar algún servicio en su entorno, sociedad y como parte de la Iglesia, con libertad y responsabilidad.					10 %	
1.2.3. Conoce algunas de las claves teológicas y principios fundamentales de la doctrina social de la Iglesia para incorporarlo al proyecto de vida personal.					10 %	
1.2.4. Participa corresponsablemente en la construcción de una sociedad justa y equitativa como miembro activo de la Iglesia.					10 %	
2.1.1. Reconoce la naturaleza religiosa y social del ser humano mostrado en su proyecto de vida, como fundamento de los derechos y libertades.					10 %	
A.1. Elabora y expone una presentación del proyecto de vida confeccionado en la SdA en formato físico o digital utilizando distintas técnicas y herramientas.					10 %	
TOTAL:						

Miguel Á. Jiménez Rodríguez / José A. Fernández Martín / Antonio Roura Javier

ANEXO 5.2.

¿Valoramos cada proyecto? Puntúa el proyecto del resto de compañeros-as de tu equipo de trabajo con una calificación del 1 al 4 según la rúbrica que se indicó en el anexo 2.4. (15 minutos) (Sirve de coevaluación)

ANEXO 6.1.

Cotejando el resultado de la valoración y la opinión de los demás sobre tu proyecto de vida, contesta en tu cuaderno a las siguientes preguntas: (15 minutos)

- ¿Cómo te has sentido durante el diseño del proyecto?
- ¿Qué es lo que más te ha costado hacer?
- ¿Estás de acuerdo con la valoración que ha obtenido tu proyecto de vida? ¿Por qué?
- ¿Qué te ha gustado más de los demás proyectos? ¿Por qué?
- ¿Qué te gusta más de tu proyecto? ¿Por qué?
- ¿Qué cambiarías de tu proyecto ahora que conoces también los demás?

ANEXO 6.2.

Realizamos una conclusión. Teniendo en cuenta estas dos últimas preguntas, redacta una conclusión y las ponemos en común con el resto de la clase. (35 minutos)

ANEXO 6.3.

¿Y si mostramos nuestro proyecto con nuestra familia? ¿Qué opinan de él? ¿Incluimos en la conclusión alguna de sus valoraciones u opiniones? Comparte con otro compañero-a de clase la respuesta que has recibido de tu familia y cómo te sientes al respecto. (10 minutos)

7. Análisis de la implementación de la situación de aprendizaje de 1° de ESO: Brigadas de la esperanza

De estos dos ejemplos de situaciones de aprendizaje para el área de Religión, se ha puesto en práctica la que corresponde a 1° de ESO, "Brigadas de la esperanza". El propósito de este apartado es, por una parte, averiguar qué percepción tiene el estudiante de una situación de aprendizaje que sigue un paradigma centrado en el logro de aprendizajes significativos, tal y como defienden las teorías que sustentan este trabajo (Barr y Tagg, 1995; Biggs, 2005) y como propone el currículo vigente, y, por otra, establecer las conclusiones útiles para el desarrollo profesional docente, introducir mejoras en el diseño didáctico a partir de la evaluación que realiza el aprendiz.

Los objetivos específicos para esta investigación son:

1. Valorar las situaciones de aprendizaje como instrumento de articulación del currículum (centrado en el aprendizaje y alineado) en función del aprendizaje del alumnado.

    1.1. Indagar y sistematizar la valoración del alumnado sobre las situaciones de aprendizaje cuando estas son el sistema de desarrollo del currículum de aula en el que participan como estudiantes.

    2.1. Analizar si existe correlación entre el empleo de las situaciones de aprendizaje como sistema de desarrollo curricular y las variables "sexo" y "rendimiento académico".

DISEÑO DE LA INVESTIGACIÓN

El diseño de la investigación se ha basado en un enfoque cuasi experimental y consiste en un estudio descriptivo *ex post facto* ya que no se modifica el fenómeno o situación objeto de análisis (Bernardo y Caldero, 2000). Esto es así porque la implementación se hizo en el desarrollo ordinario del curso académico y se evaluó la intervención tras su aplicación.

Además el estudio tiene carácter correlacional porque se asocian las variables de sexo y rendimiento académico a los resultados de las valoraciones del fenómeno objeto de estudio para cada una de las dimensiones que lo conforman.

METODOLOGÍA

La metodología es de carácter cuantitativo, y se desarrolla mediante una encuesta al alumnado. No obstante, que para complementar la información recogida se realizan preguntas abiertas aprovechando el cuestionario.

La muestra es no probabilística y se identifica, prácticamente, con la población, ya que las valoraciones de las situaciones de aprendizaje se realizan por parte de todo el alumnado. En este caso la muestra está conformada por los 31 estudiantes que integran el grupo clase de 3º de ESO. Está compuesto por 16 mujeres y 15 hombres, de entre 14 y 15 años.

El instrumento empleado es un test elaborado *ad hoc* para el alumnado. Los cuestionarios se han construido ordenando los ítems por medio de dimensiones teóricas clave de las situaciones de aprendizaje/unidades garantizando la exhaustividad en el alcance de la complejidad de los fenómenos que queremos analizar. En el cuestionario (anexo III), que consta de 32 ítems, se encuentran preguntas relacionadas con principios tales como el enfrentamiento a un reto, la motivación, la construcción del conocimiento, la explicitación de la finalidad de la situación de aprendizaje, la aplicación de metodologías activas, las estrategias metacognitivas, la existencia de tareas que presenten conexión con la realidad, la interacción del aprendiz con los compañeros y el profesor (trabajo en equipo), la diversidad del alumnado y la evaluación. Se ha empleado una escala tipo Likert en la que el estudiante debe valorar de 1 (*Muy en desacuerdo*) a 5 (*Muy de acuerdo*), su grado de satisfacción con esos diferentes elementos.

En las variables demográficas se han introducido, además, la inserción de datos anonimizados que nos permitan evaluar si existe correlación entre ellas y las respuestas ofrecidas. Se trata de las variables "calificación media del expediente", "calificación obtenida en el área" y "sexo".

El cuestionario ha sido validado cualitativa y matemáticamente. En primer lugar, se aplicó el método Delphi, que ha contribuido a la mejora del formulario y, en segundo lugar, se han aplicado diferentes pruebas estadísticas para comprobar su validez interna. Se ha recurrido a la prueba Alfa de Cronbach ($\alpha > 0.8$) y al test de McDonald's ($\omega > 0.8$), que indican, de forma independiente, una validación muy satisfactoria de este.

Como hemos señalado anteriormente, se han añadido preguntas abiertas de carácter cualitativo al finalizar el cuestionario, que nos ayudarán a explicar y entender la realidad objeto de estudio. Dichas cuestiones se centran en destacar los elementos percibidos como más relevantes, tanto en positivo como en negativo, así como en la posibilidad de expresar opiniones abiertas sobre algún elemento no valorado en los ítems del cuestionario.

Se ha realizado, en primer lugar, un análisis descriptivo (que permite obtener los valores de media, moda, desviación típica y máximo y mínimo, y distribución), que da como resultado más relevante la no normalidad en la distribución de los datos. Esto ha orientado en el empleo de las pruebas estadísticas necesarias para responder a las preguntas de investigación implícitas en los objetivos. También, para poder analizar cada ítem, se ha elaborado una tabla de frecuencias para ver cómo se distribuyen las respuestas.

La primera correlación estudiada ha sido la relacionada con el éxito académico y el tipo de respuesta efectuadas. Los indicadores de éxito académico empleados han sido la nota media del curso anterior y la nota de la asignatura concreta del mismo curso. El análisis se ha realizado mediante la prueba de Kruskal-Wallis tomando $p < 0{,}05$ y $\varepsilon^2 > 0{,}6$ para considerar la significatividad estadística. En este caso, sin que haya una relación significativa, sí hay cierta tendencia en algunos ítems que después será analizada.

A continuación, se ha aplicado la misma prueba con los mismos márgenes de confianza a la variable "sexo". Como se expondrá, no se ha hallado correlación significativa.

INTERPRETACIÓN DE LAS PREGUNTAS ABIERTAS

Tras el análisis de la información recogida (Fàbregues, Meneses, Rodríguez-Gómez y Paré, 2016) mediante la generación de conceptos, la inducción analítica, la teoría fundamentada, el desarrollo de tipologías, el análisis narrativo, etc., se realiza un informe donde se evidencian la significación de los resultados y las principales conclusiones que se puedan extraer. Este informe sirve para completar, complementar y contrastar, mediante la explicación del fenómeno objeto de estudio, los resultados obtenidos en la parte cuantitativa.

ANÁLISIS DE LOS RESULTADOS

En esta sección describimos de manera detallada las respuestas más significativas que ofrecen los estudiantes a las cuestiones relacionadas con los principios sobre los que debe diseñarse la situación centrada en el aprendizaje, e indicamos si existe correlación entre las variables "calificación media del expediente", "calificación del área" y "sexo", y las respuestas de los discentes.

Se ha determinado la coherencia de las preguntas que componen el cuestionario con la prueba alfa de Cronbach, que es la forma más sencilla y conocida de medir la consistencia interna y la validación del constructo de una escala o test. Es usado para medir la confiabilidad del tipo consistencia interna de una escala, es decir, para evaluar la magnitud en que los ítems de un instrumento están correlacionados. Con ello se muestra su utilidad y fiabilidad. Además, también se ha utilizado el coeficiente omega de McDonald para validar la confiabilidad del cuestionario.

Es por ello que podemos afirmar que el cuestionario utilizado para conocer la valoración de la situación de aprendizaje posee los dos componentes necesarios para que una escala o cuestionario cumpla su objetivo: el primero es la validez, que indica si la cuantificación es exacta y, el segundo es la confiabilidad, que alude a si el instrumento mide lo que dice medir y si esta medición es estable en el tiempo.

El cuestionario está compuesto por 32 ítems estructurados en cinco niveles de respuesta del 1 (muy en desacuerdo), 2 (en desacuerdo), 3 (neutro), 4 (de acuerdo) o 5 (muy de acuerdo). Previamente, de forma anónima, se indicaba el sexo, una estimación de la nota media total y la obtenida en Religión católica del curso pasado, junto con si era la primera vez que cursaban la asignatura.

En primer lugar, observamos que las respuestas de los estudiantes a las cuestiones que conforman el test manifiestan una valoración global positiva sobre la situación de aprendizaje. La desviación típica indica que los aprendices demuestran estar de acuerdo entre ellos en las respuestas a las diferentes preguntas del cuestionario. Se ha aplicado una prueba estadística descriptiva que nos permite observar las medias de las respuestas dadas a las cuestiones que conforman el formulario.

La puntuación media de la valoración aportada por el alumnado ha sido muy alta. Con una valoración máxima de 5 puntos, 5 items; 25 items han obtenido una media de 4 puntos y tan sólo 2 items han alcanzado una media de 3 puntos.

El alumnado ha estado muy de acuerdo (valoración de 5 puntos) con que se sentía más motivado trabajando en esta situación de aprendizaje que con otras áreas donde no aplican la misma metodología y el trabajar en pequeños grupos y/o por parejas además de forma individual (lo han señalado 29 alumnos; casi un 74,4%). La comprensión de lo aprendido (20 veces, un 51,3%), el no tener que memorizar nada sin sentido (24 veces, un 61,5%) y que el trabajar en el aula ha evitado dedicar menos tiempo en casa a los "deberes", también ha obtenido la máxima valoración (30 veces; un 76,9%).

En contrapartida, los aspectos que han sido valorados de forma neutra (ni de acuerdo ni en desacuerdo) con una puntuación de 3 hacían referencia a que les ha motivado más el planteamiento de un reto, algo que había que hacer o resolver (20 veces, un 51,3%), y al comprobar que han podido tener algo más de éxito en clase cuando se les ha permitido o sugerido que hicieran las cosas de forma diferente y no, como suele pasar, que todos hacen todo de la misma manera para obtener buenos resultados (23 veces, un 58,9%).

Podemos destacar, con una valoración de 4 puntos y con mucha diferencia de "votos" respecto a las demás opciones, que ha sido una sensación muy motivadora el trabajar en clase o en casa para aprender algo útil, y no solo para aprobar (21 veces, un 53,8%), o el saber en cada momento para qué hacíamos cada cosa, teniendo todo un sentido y relación con la finalidad de la situación de aprendizaje (18 veces, un 46,1% de las respuestas); y les ha gustado que se hayan incluido aprendizajes de otras asignaturas y su combinación con los propios del área de religión para hacer algo real (13 votos, un 33,3%).

A continuación, se aplica un test de Kruskal-Wallis para comprobar si existe correlación entre las diferentes variables introducidas en el test "calificación media del expediente", "calificación del área" y "sexo", y las respuestas que han dado los estudiantes.

Los datos sobre la media de notas del curso anterior y la de la asignatura de religión nos muestra el tipo de alumnado que ha contestado el cuestionario y si existe alguna relación entre obtener altas notas y ofrecer una valoración alta de la situación de aprendizaje.

Respecto a las calificaciones, 10 alumnos obtuvieron una supuesta media de 8 y 19 alumnos, una media de 9. En total suponen el 74,36% de los encuestados. El año pasado, 24 alumnos lograron una calificación de un 9 en el área de Religión, un 61,5% del total. Con estos datos, podemos concluir que el alumnado de religión que ha trabajado esta situación de aprendizaje son de bastante nivel académico y también han mostrado una alta valoración en el cuestionario de dicha situación de aprendizaje y la metodología utilizada, tal y como hemos expresado anteriormente.

De los 40 alumnos encuestados, tan sólo 5 están cursando la asignatura de religión de forma novedosa, es decir, no la habían cursado en años anteriores. Podemos afirmar que el cursar religión desde hace años o no haberlo hecho anteriormente no incide especialmente en la valoración realizada.

Y tampoco hay diferencias por sexo, ya que se identifican 20 personas por cada uno, hombre o mujer.

Las pruebas aplicadas al cuestionario para valorar su consistencia y confiabilidad muestran que tan sólo 1 item ha podido estar influencia por la nota del curso pasado (13 alumnos que obtuvieron un 9 lo valoraron con la misma puntuación); y en 4 items, que la nota de la asignatura ha influenciado en la respuesta (entre 8 y 11 alumnos con un 9 respondieron con la misma valoración). Por lo que, al ser unas cifras ínfimas, denota que la calificación media del curso anterior o de la asignatura no influye en las respuestas del cuestionario.

Lo que sí podemos afirmar, viendo las respuestas, es que el alumnado con mejores notas son quienes dan más puntos en sus valoraciones. Un total de 28 items han sido valorados con un 4 o 5 (las puntuaciones más altas) por alumnos que obtuvieron un 9 en sus calificaciones. Esta correlación entre notas y puntuación de sus valoraciones también es refrendada por los datos de las pruebas aplicadas al test que se ha mencionado en este apartado.

Sí es curioso que alumnos con dicha calificación, valoraran con un 3 (neutro) que les hubiera motivado bastante el plantearles un reto a resolver (16 alumnos), les gustara comprobar que todas las tareas tenían sentido porque eran necesarias para lo que nos habíamos propuesto al final de la situación de aprendizaje o que en la situación de aprendizaje han vivido una experiencia que les ha enseñado cosas de forma real y activa (8 alumnos respectivamente); que les ayudó a aprender mejor combinar diferentes formas de trabajar: individualmente, en pequeños grupos y con todo el grupo (9 alumnos) o los 14 alumnos que dieron esa misma valoración de 3 a que hayan logrado más éxito en clase cuando se les ha permitido o sugerido que hicieran las cosas de forma diferente y no, como suele pasar, que todos hacemos todo de la misma manera.

INFORME QUE RECOGE LOS RESULTADOS DE LAS PREGUNTAS ABIERTAS

Como hemos señalado, el cuestionario recoge preguntas abiertas en las que el estudiante puede ampliar la valoración de la información expuesta en los ítems o bien dar a conocer algún otro aspecto que no ha sido recogido previamente en ellos.

El estudio de las respuestas nos permite establecer dos observaciones: la primera de ellas es la confirmación de que el sistema de evaluación introducido en la situación de aprendizaje es el elemento mejor valorado. Este ha sido destacado por el 54% de los estudiantes, quienes han señalado como aspectos más relevantes la retroalimentación recibida gracias a las técnicas de heteroevaluación y autoevaluación, y los beneficios en los resultados al ser conocedores de los instrumentos de calificación. La segunda observación es que el segundo elemento mejor valorado ha sido el del rol del profesor como facilitador del aprendizaje y generador de tareas que permitan la aplicación práctica de los contenidos.

Esta evaluación cualitativa también permite reforzar la valoración positiva del aprendiz con respecto a la consideración de la diversidad de los estudiantes y del aprendizaje introducida en la situación. Entre las afirmaciones que ofrece el aprendiz encontramos que han podido trabajar con más libertad y autonomía o que se considera favorable para el aprendizaje que cada alumno tenga propuestas diferentes o distintas posibilidades para presentar el producto final.

Por último, en cuanto a las valoraciones negativas de la experiencia de aprendizaje, el alumno indica la dificultad en plasmar soluciones a los problemas o situaciones identificadas en su propio entorno.

CONCLUSIONES

Teniendo en cuenta los resultados del cuestionario que acabamos de analizar, podemos concluir que:

1. Las situaciones de aprendizaje inciden en la motivación del alumnado porque:

   · Suponen un reto.
   · Todo lo que se hace tiene sentido.
   · Lo que se aprende es útil.
   · Comparado con otras formas de trabajo habituales, motiva más a los alumnos. Se nota porque querían que llegara el momento de trabajar con ella (SdA).
   · Lo que se hace, es necesario para llegar a un producto final atractivo.
   · Lo que se hace, es real (no se "habla de algo" sino que se "hace algo").
   · Se trabaja con distintos agrupamientos y hay una actividad continua.

2. Las SdA, gracias a la metodología que emplean, favorecen el aprendizaje porque:

- La actividad del alumnado logra que se centre en la tarea mejor que si sólo escucha al docente.
- La actividad del alumnado provoca captar mejor su atención que si sólo escucha al profesor.
- El tiempo de clase es tiempo de aprendizaje efectivo (lo que reduce el tiempo de estudio o trabajo en casa).
- El alumnado tiene la sensación de estar aprendiendo de forma efectiva gracias a que las tareas propuestas están bien planificadas y utilizan el aprendizaje constructivo, significativo y profundo, más que la dispersión de actividades que, además, podrían estar disociadas de los elementos curriculares planteados o ni estar presentes en los sistemas de evaluación, como suele ser habitual en las unidades didácticas, donde el único elemento de cohesión es la temática tratada y no la consecución de un producto final.

3. Las SdA y la funcionalidad e interdisciplinariedad suelen mejoran la calidad del aprendizaje porque:

- Lo que se estudia, se puede relacionar con la vida cotidiana.
- Rompe las barreras de las asignaturas porque lo que se va a hacer necesita "saber cosas" que no son de la materia.
- Los aprendizajes de valores y actitudes son intencionales y se hace hincapié en que sirva para la vida
- Los alumnos tienen la sensación de estar participando en una experiencia vital, real.

4. Las SdA mejoran el aprendizaje porque persiguen la metacognición y el control sobre lo que se aprende por parte del alumnado, a quien se hace protagonista de todo el proceso, sobre todo cuando:

- Son conscientes de que el trabajo da su fruto en aprendizajes reales y efectivos ("Siento que aprendo")
- Aprender con otros, ayuda a aprender mejor.
- Se tiene conciencia de que hay diferencias positivas entre lo que ha aprendido en la situación de aprendizaje en comparación al tiempo de clase empleado de forma tradicional y centrada en la transmisión de conocimientos conceptuales.
- El alumnado, al vivenciar lo que aprende, (donde lo afectivo también cuenta) tiene la sensación de que no va a olvidar fácilmente lo que ha aprendido.
- Existe conciencia de haber comprendido.
- Se ha reducido o eliminado la memorización sin comprensión, incluso para las pruebas de evaluación.

5. Las SdA mejoran el aprendizaje porque aplican los principios del DUA y por lo tanto:

- Los alumnos agradecen que se les ofrezca distintas posibilidades para la realización de algunas tareas.
- Han aflorado manifestaciones de cierta creatividad y de autonomía que no suelen ser habituales cuando no se ofrece esa flexibilidad.
- Ha provocado que los alumnos puedan sentirse más seguros empleando sus fortalezas y capacidades.
- Ha generado un mayor índice de éxito sin disminuir, por ello, la calidad del aprendizaje.

6. Las SdA emplean un sistema de evaluación más coherente con los aprendizajes que se pretenden conseguir y favoreciendo, a su vez, el aprendizaje porque:

- Lo que se evalúa y lo que se trabaja en clase tiene una continuidad lógica. Las tareas de evaluación y las de aprendizaje no son diferentes.

- El producto final (y otros intermedios) sirven para evidenciar los aprendizajes y, por lo tanto, son en sí mismas pruebas potenciales de evaluación final o sumativa.

- La evaluación contempla los aprendizajes descritos en los criterios y no sólo la asimilación de contenidos.

- El uso de rúbricas, listas de chequeo u otros instrumentos de calificación, ayudan al alumnado a ser consciente de qué es lo que tienen exactamente que conseguir y cómo hacerlo. Esto disminuye la ansiedad ante la evaluación y les guía en su estudio y en sus tareas de ejecución.

- El empleo de una evaluación formativa con la debida retroalimentación ayuda al alumnado a mejorar en su trayectoria y al docente a tomar decisiones de mejora del proceso.

Finalmente, es importante señalar que el conocimiento de la percepción del discente permite al docente detectar aspectos que deben ser mejorados a la hora de rediseñar e implementar la situación de aprendizaje.

Esperamos que la conclusión a la que hemos llegado le anime a implementar las situaciones de aprendizaje como metodología en su aula, aumentando así la motivación de su alumnado y mejorando el logro de sus aprendizajes.

Dispone de varios ejemplos para su aplicación, pero seguro que es capaz de mejorarlos y de construir los suyos propios. Su alumnado se lo agradecerá... y usted potenciará la ilusión en su vocación por la docencia... ¡Se lo hemos advertido!

REFERENCIAS BIBLIOGRÁFICAS

Barr, RB y Tagg, J. (1995). *De la enseñanza al aprendizaje: un nuevo paradigma para la educación de pregrado*. Change: The magazine of higher learning , 27 (6), 12-26.

Biggs, J. (2005). *Calidad del aprendizaje universitario*. Madrid: Narcea.

Bernardo, J. y Caldero, J. F. (2000) *Aprendo a investigar en Educación*. Rialp.

Fàbregues, S., Meneses, J., Rodríguez-Gómez, D., y Paré, M. H. (2016). *Técnicas de investigación social y educativa*. Editorial UOC.

8. Cuestionario para la valoración de las situaciones de aprendizaje (alumnado)

Esta encuesta sirve para que puedas valorar la situación de aprendizaje que acabas de realizar. De este modo podremos ver si es eficaz y mejora los aprendizajes. Es completamente anónima por lo que te pedimos que respondas con total libertad y sinceridad. Se presentarán algunas afirmaciones que tienen que ver con las características de las situaciones de aprendizaje en general. Solo tienes que decidir tu nivel de acuerdo con dichas afirmaciones marcando la casilla en la columna correspondiente **lo que más se parezca a lo que piensas.**

Sexo: Hombre ☐   Mujer ☐

Nota media que obtuviste el curso pasado ☐

Nota que obtuviste en esta asignatura la última vez que la cursaste ☐

La asignatura es nueva, nunca la había cursado ☐

Motivación	1. Muy en desacuerdo	2. En desacuerdo	3. Neutro	4. De acuerdo	5. Muy de acuerdo
1. La situación de aprendizaje me ha motivado bastante porque me ha supuesto un reto, (algo que había que hacer o resolver).					
2. Me ha motivado saber en cada momento para qué hacíamos cada cosa. Todo tenía sentido y estaba relacionado con la finalidad de la situación de aprendizaje,					
3. Trabajar en clase o en casa para aprender algo útil, y no solo para aprobar, ha sido una sensación muy motivadora.					
4. Cuando tocaba en el horario trabajar la situación de aprendizaje me sentía más motivado que en el resto de asignaturas en las que no empleamos esta forma de trabajo.					
5. Me ha gustado comprobar que todas las tareas tenían sentido porque eran necesarias para lo que nos habíamos propuesto al final de la situación de aprendizaje.					
6. Me ha parecido motivador que estudiemos cosas que están conectadas con la realidad.					
7. Trabajar en pequeños grupos, a veces por parejas y otras de forma individual ha aumentado mi motivación para aprender.					

Metodología empleada					
8.	Realizar actividades interesantes para aprender hace que esté más centrado en el trabajo y, por lo tanto, aprendo más, que cuando permanezco pasivo escuchando.				
9.	Las metodologías que el profesor nos ha propuesto me ayudan a mantener la atención en la tarea y, de este modo, aprovecho mejor el tiempo de clase.				
10.	Trabajar activamente en clase ha hecho que tuviera que dedicar menos tiempo en casa.				
11.	Creo que aprendo más cuando realizó actividades bien planificadas que cuando solo escuchó al profesor porque me cuesta concentrarme durante mucho tiempo.				
Utilidad e interdisciplinariedad de lo aprendido					
12.	Creo que lo que he aprendido en la situación de aprendizaje lo podría llevar a cabo en mi vida cotidiana.				
13.	Que la situación de aprendizaje haya incluido aprendizajes de otras asignaturas que hacían falta y que las hayamos combinado para hacer algo real me ha gustado.				
14.	Lo que hemos aprendido sobre valores y actitudes creo que me va a servir para mi vida personal.				
15.	Puedo decir que en la situación de aprendizaje he vivido una experiencia que me ha enseñado cosas de forma real y activa.				

Metacognición	1. Muy en desacuerdo	2. En desacuerdo	3. Neutro	4. De acuerdo	5. Muy de acuerdo
16.	Pienso que he trabajado mucho en clase pero ha merecido la pena porque soy consciente de que he aprendido también mucho.				
17.	Haber combinado formas diferentes de trabajar: individualmente, en pequeños grupos y con todo el grupo me ha ayudado a aprender mejor.				
18.	Creo que he aprendido mediante la situación de aprendizaje más y mejor que cuando en clase solo escucho al profesor.				
19.	Considero que lo que he aprendido en la situación de aprendizaje voy a tardar mucho en olvidarlo por qué lo he experimentado.				
20.	He comprendido lo que he aprendido.				
21.	No he tenido que memorizar sin sentido nada que no haya comprendido, lo que sí me pasa a veces cuando soy evaluado con exámenes.				
Empleo del DUA					
22.	Me ha gustado que el profesor en la situación de aprendizaje haya ofrecido distintas posibilidades para hacer algunas tareas.				
23.	Me ha gustado la situación de aprendizaje porque he podido desarrollar mi trabajo con cierta creatividad y autonomía.				

24.	Me gusta que el profesor haya propuesto distintas posibilidades a la hora de realizar y entregar trabajos, incluso cuando son para ser evaluados, porque de este modo todos tenemos más posibilidades de aprovechar nuestros puntos fuertes.				
25.	He visto como algunos compañeros y yo mismo hemos podido tener algo más de éxito en clase cuando se nos ha permitido o sugerido que hiciéramos las cosas de forma diferente y no, como suele pasar, que todos hacemos todo de la misma manera.				
Evaluación					
26.	La forma en la que nos han evaluado me ha parecido más coherente con lo que hemos trabajado y aprendido que lo que suele pasar normalmente en otras asignaturas.				
27.	Me ha gustado que la evaluación haya sido algo real y práctico, que tenía que hacer, y no un examen donde normalmente solo cuenta lo que responde después de memorizar contenidos.				
28.	Me parece un acierto que se valoren aspectos que no son solo los contenidos de la materia.				
29.	Creo que es muy positivo que las acciones o las cosas que hemos realizado como resultado final de la situación de aprendizaje haya servido al mismo tiempo como prueba de evaluación.				

	1. Muy en desacuerdo	2. En desacuerdo	3. Neutro	4. De acuerdo	5. Muy de acuerdo
30.	Saber con antelación, mediante las rúbricas o las listas de chequeo, qué se me iba a pedir y cómo tenía que hacerlo, me ha ayudado a enfocar mejor mi estudio y mi trabajo.				
31.	Haber realizado pruebas para ver cómo íbamos a lo largo de la situación de aprendizaje y recibir feedback por parte del profesor me ha ayudado a mejorar mis resultados finales.				

	Numera 1,2,3
Escribe 3 puntos fuertes de la situación de aprendizaje. Cuando los tengas escritos, numéralos poniendo el 1 a lo que te ha parecido mejor y así sucesivamente hasta el 3.	
Escribe 3 puntos débiles de la situación de aprendizaje. Cuando los tengas escritos numéralos poniendo el 1 a lo que te ha parecido peor y así sucesivamente hasta el 3	

Comenta libremente algo más que te gustaría añadir sobre la situación de aprendizaje.

Gracias por tu participación y por contribuir a mejorar nuestras propuestas educativas.